내 삶은 남달랐다

구름아, 너 가는 곳이 어드메뇨?

이순애

내 삶은 남달랐다

구름아, 너 가는 곳이 어드메뇨?

이순애

사랑하는 사람아
나 그대 위에 무엇이 되오리
나 그대 위에
이름 모를 한 송이 꽃이 되어
그대 지친 날개 접고 쉬게 하리라

도서출판 디자인21

머리말

천석꾼은 천 가지 걱정이요, 만석꾼은 만 가지 걱정이라는 말이 있듯이, 사람은 누구나 크고 작은 사연을 가슴 깊이 묻어 두고 살아갑니다.

저 역시 오랜 시간, 제 삶의 이야기들을 묵묵히 품고 살아왔지만, 이제 삶의 마무리에 가까워진 지금, 이렇게 글을 적어봅니다.

이 글을 쓰는 것이 용기인지 아니면 자만인지 스스로도 잘 모르겠습니다. 그러나 그 판단은 독자 여러분께 맡기고자 합니다. 이 글을 통해 제가 겪어 온 이야기를 나누며 삶의 고비마다 힘든 순간이 있었습니다. 때로는 원망도 해보았습니다.

나를 '왜 나를 낳으셨나요?'라는 질문이 목구멍까지 차오르던 순간도 많았습니다.

이 글은 저의 상처를 풀어내기 위한 고백이자 또한, 누군가에게는 저와 같은 상처를 반복하지 않도록 하는 작은 울림이 되었으면 좋겠습니다.

차례

1 어릴 적에 기억 / 11

2 나도 이제 남편이 생겼다 / 37

1

어릴 적에 기억

기억

아주 어릴 적 기억에 있는 아버지는 딱 한 번 한 가지만 기억이 난다. 조금은 추운 날씨였는데 어머니가 어디 가시면서 나는 집에 있으라고 했는데, 대문 밖에 시끌벅적한 소리에 길에 나가 보니 사람들이 많이 모여서 구경하는 듯했고 그곳에서 내가 아버지 하며 달려간 사람이 나보고 집에 들어가라며 이마에 꿀밤을 맞은 기억이 아직도 난다.

저녁에 어머니가 돌아와서 얘기했는데 그 뒤로는 아버지를 영영 본 적이 없다. 그런데 어찌 된 일인지는 모르지만, 어머니랑 나랑 동생이랑 부엌도 없는 작은 방에 살았는데, 얼마 전까지 살았던 집은 이렇지는 않았다. 방도 크고 마당도 있고 대문도 있었는데….

어머니와의 이별

그때도 추운 날이었다. 낮에 어머니랑 동생이랑 세 사람 있는데 옹기 장사를 하시는 고모님께서 오셨다. 어머니랑 이런저런 이야기 하시더니 친척 고모는 자기 집에 놀러 가자고 했다. 나는 매일 혼자 있어서 나가고 싶었는데 어머니가 가지 말라 하셨는데도 나는 우겨서 고모 따라 그 집에 갔다.

다음 날, 저쪽 마당에 천막 속에 엿을 잔뜩 만들어 놓았길래 나는 옷의 호주머니마다 엿을 가득 넣었다. 어렸을 때 기억은 없지만, 시간이 점심시간이 지난 것 같았다. 나는 엿이란 걸 자주 먹어본다거나 과자들을 먹어본 기억이 없어서 달콤한 엿을 물고 호주머니에 넣고 혼자서 그러고 있는데 고모께서 놀러 가자 하시며 아마 겉옷이 두루마기라는 것이 기억난다. 나도 같이 가자고 해서 얼른 그 고모 손잡고 따라나섰다.

얼마나 걸었을까, 호주머니에 넣어온 엿도 다 먹었는데. 그래도 배가 고프고 바람이 차가워서 그제야 집에 가자고 졸랐더니 조금만 더 가면 집이 나온다며 그렇게 조금만 더, 조금만 더 하면서 얼마나 걸었을까? 이미 해는 지고 길은 어두워서 그때 집 집마다 호롱불을 켜고 지낼 때였다. 그때도 추운 날이었다.

얼마나 더 걸었을까? “아가, 다 왔다. 너 먼저 저 집에 가서 밥 달라 해라. 나는 뒤에 갈 테니.” 하셨다. 나는 뛰어가서 “고모, 밥 주세요. 배고파요.” 소리쳤더니 그 가족들이 “너 어디서 왔느냐?” 물으신다. “저기 고모하고 같이 왔어요.” 하면서 뒤돌아보니 고모가 보이지 않길래 나는 울어버렸다. 그 가족은 전부 마당으로 나왔고, 이웃분들도 나오고, 온 동네 사람들이 빙 둘러서 나를 바라보고 있었다.

경찰 아저씨가 한 할아버지에게 “오늘 밤만 재우고 내일 고아원에 데려다 주라.” 하셨다. 그날 저녁밥은 할아버지 집에서 먹고, 아침도 먹고 나서 할아버지가 “같이 가자.” 하셔서 따라나섰더니 어느 큰 건물에 데려다주시면서 안경 쓰신 분과 얘기하셨다. 고아원이었다. 나는 둘러보니 내 또래도 많고 큰 사람들도 많고, 안경 쓴 사람이 무서웠다.

이야기를 마친 할아버지는 돌아가려 했고 안경 쓴 사람이 “여기서 같이 살자.” 하며 내 손을 잡았다. 나는 울면서 할아버지 두루마기를 붙잡고 “엄마한테 데려다 달라.”며 울었더니 너무 울어서 못 데리고 있겠다며 그냥 데려가라고 해서 나는 할아버지 집에서 살게 되었다.

얼마나 살았을까? 겨울이 가고 제법 시간이 지난 것 같은데 강 건너 살구가 노랗게 익어서 할아버지 드린다고 몇 알을 주워 왔는데 어머님이 찾아오셨다. 나는 아직도 이해가 안 되는 게 엄마를 보았으면 엄마에게 달려가 안기어야 하는데 나는 “엄마 아니야.” 하며 울었다. 왜 그랬는지는 아직도 모르겠다.

그렇게 해서 엄마와 나랑 동생이랑 셋이서 할아버지 아래채 방에 살게 되었다.

그렇게 얼마나 살았을까? 내 또래 애들이 학교 가는데 나는 어머니한테 물어보니 "설 지나면 갈 수 있다." 하셨다.

아버지 만남

어머니는 아버지와 같이 계셨다. 아버지는 군인으로 근무하셨기 때문에 자주 오실 수는 없었지만, 가끔 집에 오실 때는 맛있는 사탕을 사다 주셨다. 어머니는 그 사탕을 하나씩 나누어 주셨고, 내가 더 먹고 싶다고 하면 아버지는 "더 먹으라"고 하셨지만, 어머니는 더 주시지 않았다.

생각해 보니 동네 어르신들께서 어머니의 사정을 들으시고, 나와 동생, 그리고 어머니가 그곳에서 함께 살 수 있도록 도와주셨던 것 같다. 그렇게 우리 셋은 읍내 사진관에 들러 처음으로 사진이란 것을 찍게 되었다.

얼마 후, 아버지께서 우리를 어떤 큰집이라고 부르시는 낯선 곳에 데려다 주시고는 다시 군대로 돌아가셨다.

강가 큰집

어머니 나 동생은 그곳에서 지내게 되었는데, 큰아버지, 큰어머니, 언니 둘, 오빠 하나, 그리고 우리 세 식구가 함께 살게 되었다. 하지만 어머니는 너무 많은 일을 하셨다. 새벽부터 밤늦게까지 밥을 하고 빨래를 하고, 과수원과 밭일까지 하며 거의 머슴처럼 지내셨다.

내가 심부름을 할 나이가 되었던 것 같다. 어머니가 강에서 빨래하시면 나는 동생을 업고 가야 했는데, 지나가던 아주머니께서 "애기가 애를 업었네."라고 말씀하시던 기억이 아직도 생생하게 내 귓가를 울린다.

그곳 큰어머니라는 분은 어머니를 그다지 마음에 들어 하지 않으셨다. 가만 보니 큰어머니는 어머니께 잔소리를 하곤 했고, 어머니는 늘 "죄송합니다."라고 하셨다. 이제 내가 이 나이가 되어 생각해 보니, 큰어머니는 어머니를 정말 마음에 들어 하지 않으셨던 것 같다.

어머니는 그런 고생과 고통을 참고 사셨다. 그때가 아마 명절 즈음이었던 것 같다. 동생에게는 새 신발을 사주셨는데, 나에게는 새 신발을 사주지 않으셨다. 화가 난 나는 마당에 있는 우물 안에 신발 한 짝을 던져 넣었다. 저녁이 되어 신발이 없다고 하니 어머니께서 나를 꾸짖으셨는데, 나는 죄 없는 동생을 가리키며 "동생이 우물 안에 빠뜨렸다."라고 거짓말을 했다.

그 일로 많이 혼났지만, 결국 새 신발을 하나 얻을 수 있었다. 동생이 걷는 모습은 기억나지 않는다. 어머니 등에 업혀 살았기 때문에 제대로 젖을 얻어먹었는지도 모르겠다. 허구한 날 배시시 웃기만 했던 동생이었는데, 어쩌다 그날은 나와 함께 있었다. 그런데 내가 동생이 그랬다고 하니 어른들은 아무도 믿지 않으셨다.

아버지 따라

그렇게 살기를 얼마나 했을까. 내 옷은 겨울옷을 입고 있었고, 달이 참 밝아 길이 어둡지 않았다. 아버지와 어머니, 그리고 동생은 어머니 등에 업혀 있었고, 우리는 밤길을 걷고 있었다. 아버지는 등에 짐을 지셨고, 어머니는 머리에 커다란 보따리를 이고 계셨다. 나 역시 작은 보따리 하나를 들고 걸었다.

그런데 길 가운데 조금 깊은 웅덩이가 있었고, 내가 발을 잘못 디뎌 그만 거꾸로 빠지고 말았다. 정신을 차리고 보니 기차역 안에 있었고, 이마에는 붕대가 감겨 있었으며 턱 밑에도 큰 반창고 같은 것이 붙어있었다. 지금 생각해 보니 부모님께서 "죽지만 말고 살아만 달라"고 간절히 기도하셨을 것 같다.

"그러나 그때 내가 죽었더라면, 지금까지의 고생은 하지 않았을지도 모르겠구나." 그렇게 생각하던 그때의 상처들이 지금도 흉터로 남아있다.

우리 식구는 그렇게 또 이사를 가게 되었다. 아버지께서 군에서 제대하시고, 우리를 데리고 다른 곳에 살고 계신 큰아버지 집으로 가셨다. 그곳의 작은 방에서 우리 식구가 함께 살았다. 이듬해였던 것 같다. 아버지는 우리를 다시 이사시키셨고, 초가집의 방 하나와 부엌 하나 있는 집으로 옮기셨다. 그리하여 아버지는 큰아버지로부터 독립하신 것이다.

우리 가족은 이제 남의 집에서 눈치를 보지 않아도 되는 환경에서 살게 되었다. 더 이상 큰어머니의 눈치를 볼 필요도 없었다.

내가 초등학교 1학년이었을 때, 가을 추석이 지나고 얼마 되지 않아 동생이 태어났다.

심부름

초등학교 1학년이었을 때, 내가 크면 얼마나 컸다고 꼭 퇴근 후에는 막걸리 심부름을 시키셨다. 그때는 됫병이라는 큰 병에 막걸리 반 되만 사 오라고 하셨다. 병 크기와 내 키가 비슷했을 것이다.

지금도 생각나지만, 그 어린 나이에 캄캄한 어둠 속에서 심부름을 가야 했으니 얼마나 무서웠는지 모른다. 하지만 못 간다고 하면 매를 맞을 테니, 겁이 나도 됫병을 들고 집을 나설 수밖에 없었다. 술을 사러 가려면 강을 건너야 했는데, 강에는 제법 물이 흐르고 있었고, 돌다리를 건너야만 했다. 밤길도 어두웠는데 돌다리를 건넌다는 것은 정말 겁이 났다.

그렇게 살면서 어머니는 하루도 쉬는 날 없이 장사를 다니셨다. 어느 날은 어머니가 나에게 동생을 업고 학교에 가라고 하셨다. 할 수 없이 억지로 동생을 업고 학교에 갔는데, 같은 반 아이들이 나를 많이 놀렸다. 동생도 온종일 등에 업혀 있으니 보채기만 했다.

다음 날에도 어머니는 또다시 동생을 업고 학교에 가라고 하셨다. 하지만 이번에는 싫다고 했고, 그날부터는 동생을 방에 가두어놓고 내가 집에 와서 동생과 함께 밥을 먹게 되었다.

그런데 밥에는 감자나 고구마, 무 같은 것들이 꼭 섞여 있었다. 쌀만 있는 밥을 먹는 일은 드물었다. 아버지 밥만 언제나 흰쌀밥이었고, 나와 어머니는 늘 이것저것이 섞인 밥을 먹었다. 솔직히 말하면 먹기 싫었지만, 그래도 먹어야 했다. 먹을 것이 그것뿐이었고, 또 배가 고팠기 때문이다.

어머니는 절약이라는 것을 일찍이 아셨고, 돈이 얼마나 귀한 것인지 몸소 느끼셨기에 그렇게 하신 것이라고 지금은 이해한다. 하지만 어린 나로서는 그런 밥을 먹기가 정말 싫었다.

가축과 전쟁

처음 이사 온 지 얼마 안 되어 어머니는 토끼를 키웠고, 토끼를 팔아서 닭을 키우셨다. 닭을 팔아서 이번에는 돼지를 사 오셔서 키우셨다. 학교 갔다 오면 돼지죽을 주는 것도 내 일이었는데, 하루는 옆에 사는 또래 아이들과 노느라 돼지죽을 안 주었다. 어머니가 오실 때 돼지죽이 다 되어 급히 돼지죽을 주면서 혼난 적도 있었다.

돼지를 파시더니 이번에는 염소를 사 오셨다. 학교에서 오면 나는 염소를 데리고 나가 풀을 먹여야 했다. 바로 밑에 동생도 데리고 다녀야 했다. 염소가 왜 그리 힘이 센 건지, 고집이 센 건지 개울을 건너야 했는데 염소는 안 넘어오려고 뒷다리에 힘을 주고 꼼짝도 안 했다. 너무 힘이 많이 들었고, 그 일로 야단도 많이 들었다.

하루는 남의 집 콩밭에 들어가 콩잎을 막 뜯어 먹었다. 내 힘으로는 염소가 안 와서 나도 힘들었는데, 저녁에 콩밭주인이 와서 염소가 먹었다고 콩값을 물어내라고 했다. 결국 또 나만 혼났다.

그래서 이번에는 송아지를 사 오셨고, 나는 학교 갔다 오면 송아지를 몰고 풀을 먹이러 나갔다. 초등학교 2학년 무렵이었다.

폭력

큰집에서 오빠나 언니들 학비 좀 달라고 하면, 어머니가 돈을 못 드리면 아버지가 술을 드시고 와서 어머니를 때리기 시작하셨다. 작업 신발을 그대로 신은 채 방으로 들어와 어머니를 때리고 물건을 던지셨다. 어린 나이었지만, 어머니가 맞는 모습을 보는 게 무서웠다.

그다음 날이면 어머니께 맞을 차례는 나였다. 지금 생각해 보면, 어머니는 아버지에게 화나고 맞은 것을 나한테 푸신 것 같지만, 그때는 그것을 몰랐다. 나는 무엇을 잘못해서 매를 맞는지도 몰랐지만, 어머니는 나를 때리셨다. 밑에는 동생이 어머니가 회초리를 들면 살살 빈다. 나도 잘못했다고 빌어야 했지만, 억울하게 느껴져서 입에서 잘못했다는 말이 나오지 않았다. 그러니 어머니는 더욱 나를 때리셨다.

초등학교 2학년 여름이었다. 담임 선생님이 우리를 데리고 학교 옆 강가로 가셔서 전부 윗도리를 벗고 물속에 들어가라고 하셨다. 그런데 나는 윗도리를 벗을 수가 없었다. 전날 어머니에게 맞아서 등에 멍 자국이 가득했기 때문이다. 그런 걸 어떻게 보여줄 수 있었겠는가. 나는 윗도리를 벗지 않고 물에도 들어가지 않으니, 선생님이 내 윗도리를 벗기려 하셨다. 결국, 선생님이 옷을 들추셨고, 어린 나는 그 순간 너무 창피했다.

집에 돌아와 어머니에게 학교에서 있었던 일을 이야기하며 “제발 나를 때리지 말아달라”고 하소연했지만, 오히려 그날 또 맞았다. 옷을 왜 벗었느냐는 이유였다. 내가 자진해서 벗은 게 아니라 선생님이 내 옷을 벗기려고 하셨는데, 내가 멍 자국을 보여줬다고 매를 맞은 것이다.

그 당시 어머니는 지금으로 치면 붕어빵 장사를 하셨다. 지금도 가끔 원망스럽다. 그때 어머니가 저녁에 붕어빵 두 마리만이라도 가지고 와서 나 하나, 동생 하나 나누어 주셨으면 얼마나 좋았을까.

학교 갔다 와서 집에 오면 밥이 없는 날이 많았다. 어머니가 집에 돌아와 밥을 해 주셔야만 먹을 수 있는 시절이었다. 하지만 꼭 한 가지는 있었다. 다음 날 장사하려고 팥을 삶아 둔 것이 냄비에 가득 담겨있었다. 배는 고픈데, 먹을 것이라고는 그것뿐이었다. 어머니는 “먹지 말라”고 하셨지만, 배가 너무 고파 나도 모르게 팥 냄비에 숟가락으로 서너 번 떠먹었다.

그러면 저녁에 어머니가 돌아오셔서 어김없이 나를 때리셨다. 그렇게 팥을 몰래 먹고 맞은 게 서너 번이나 반복되었다.

집이 싫었다.

하루는 큰집에 심부름하러 갔는데, 큰집에 가면 오빠가 이상한 행동을 하려고 해서 나는 큰집에 가는 게 정말 싫었다. 그러나 그런 일을 말하면 오빠가 "가만두지 않겠다"라며 절대 말하지 말라고 해서 아무한테도 말할 수 없었다.

그날도 큰집에서 자고 가라는 이야기가 나왔지만, 나는 오빠가 싫어서 "집에 가겠다"고 말하고 집으로 돌아왔다. 그러나 집은 더 가기 싫었다. 하루가 멀다고 어머니가 아버지에게 맞는 것을 보고, 또 내가 어머니께 맞는 것도 너무 싫었다. 그렇다고 갈 곳이 있는 것도 아니었다.

내 나이 아홉 살쯤 되었던 것 같다. 그날 집에는 왔지만 들어가고 싶지 않아 집 뒤에 쌓아둔 볏짚 더미를 발견하고, 볏짚단 몇 개를 꺼내어 그 안에 들어갔다. 볏짚으로 입구를 막고 누웠더니 그만 잠이 들고 말았다.

그러나 집으로 돌아올 시간이 되었는데도 내가 오지 않으니, 아버지와 어머니가 나를 찾아 동네를 샅샅이 뒤지셨다. 결국 못 찾고 지쳐 돌아오던 중, 집 뒤를 지나가다 내가 잠자다 발로 짚단을 건드려 짚단에서 나는 소리를 듣게 되었다. 두 분은 그 소리를 듣고 안에 잠들어 있는 나를 발견하셨다. 그날은 다행히 두 분께 매를 맞지 않았던 것으로 기억한다.

제비야 잘못했다.

그러다 어느 날 보니 제비가 우리 처마 밑에 집을 지어 새끼 두 마리를 낳았다. 나는 신기하기도 하였고, 매일 동생하고만 놀았는데 제비, 집이 내 손을 조금만 까치발을 하면 제비 새끼를 잡을 수 있어서, 잠깐 가지고 놀려고 한 마리를 꺼내 내 손바닥에 얹어 놓고 놀다가 다시 제자리로 넣어 주었다.

그런데 저녁에 아버지가 퇴근하고 방문에 걸터앉으셨는데, 제비 새끼 한 마리가 툭 하면서 떨어지는 것이었다. 나는 그것이 얼마나 큰 재앙인 줄은 그때는 몰랐다. 그저 새끼니까 잠깐 손바닥에 얹어서 보았을 뿐인데, 그 새끼는 죽음으로 변했다.

그 후, 나는 아직 제비를 보지 못했다. 내가 있는 곳에는 제비들이 다 도망이라도 간 듯이 정말 내 눈에 제비는 영영 보이지 않았다.

너무나 큰 상처를 주었다는 것을 살면서 가끔 생각날 때마다, 미안하다고 잘못했다고 용서를 빌었지만, 이제 이 글로 정식으로 사과한다.

새끼 제비, 부모 제비님 정말 잘못했습니다. 용서해 주세요. 정말 정말 그렇게 그 어린 새끼가 죽을 줄은 몰랐습니다. 죄송합니다.

그런 일이 있고 나서 집에 되는 일이 없다고 이사를 했다.

셋방살이

초등학교 3학년쯤 되었을 때, 학교를 다녀오면 먹을 것이 없어서 어머니께서 냉수에 국간장 한 숟가락 넣어 마시라고 하셨다. 그때는 배가 고프니까 그런 것조차도 잘 넘어갔다.

어느 날, 어머니는 나를 붙잡고 말씀하셨다.

"나중에, 정말 나중에 살다가 너무 힘들고 남들에게 말하고 싶은 날이 오면, 절대로 사람에게 이야기하지 말고 외양간에 묶어놓은 소에게 얘기하거라."

그 당시에는 그 말씀의 뜻을 이해하지 못했지만, 이제 칠십이 넘은 지금, 그 말을 깊이 이해하게 되었다.

그러다가 4학년 때, 조금 더 시내 쪽으로 이사하게 되었지만, 셋방살이는 여전했고, 아버지가 어머니를 때리는 일도 변함이 없었다. 하루는 집주인이 어머니께 "맞지만 말고 한번 대들어 보라"고 조언하셨다. 그날 저녁, 아버지가 고래고래 소리를 지르며 어머니를 때리려고 하셨고, 어머니는 낮에 배운 대로 달려 드셨다. 아버지가 놀라신 듯했는지, 그 후로는 어머니를 때리시는 일이 없어졌던 것 같다.

어머니가 장사하시는 탓에, 나는 초등학교 2학년 때부터 아침에 먹은 설거지를 하고 학교에 가곤 했다. 겨울철엔 손이 동상에 걸려 손이 빨갛게 부어오르고 퉁퉁 부어서 연필조차 제대로 잡을 수 없게 된 적도 있었다. 그래도 나는 4학년이었으니 막냇동생은 집에 혼자 남아있고, 둘째 동생은 어머니가 업고 다니며 장사하셨다.

방학 때는 내가 학교에 가지 않으니 둘째 동생 이유식을 챙기라고 말씀하셨다. 어머니는 백시루떡을 만들어 겨울이니 지붕 위에 얹어 얼리고, 부엌에 두었다가 밥때마다 밥 위에 얹어 떡과 밥물을 함께 쪄 이유식으로 만들어 두셨다. 어머니는 그렇게 준비해두고 장사를 가시면서, 내가 이유식을 먹이라며 맡기곤 하셨다.

어머니께서는 바로 밑 동생에게 집을 보라고 하고, 둘째 동생은 업고 장사를 다니신 적이 많이 있었다. 하루는 내가 동생을 업고 가면 어머니께서 고생했다고 붕어빵 하나쯤 주시지 않을까 기대했지만, 어머니는 냉정하셨다.

“추운데 동생 감기라도 들면 어쩌려고 업고 왔느냐!”

이렇게 야단만 맞고 다시는 가지 않게 되었다.

저녁에 어머니께서는 밥을 해서 “아기 밥 좀 먹이라”며 참기름에 간장을 넣어 비벼주셨다. 그것이 너무 맛있어 보여서, 나는 나 한입 먹고 동생 한 입 주면서 모두 동생에게 먹였다고 어머니께 거짓말을 했었다.

우리 집이 생겼다.

어머니의 알뜰하신 덕분에 우리는 결국 '우리 집'이라는 곳으로 이사를 하게 되었다. 요즘 말하면 함석지붕이지만, 방이 세 개 있고 부엌도 크고 내 방도 생겨서 책상, 찬장, 이불장도 들여놓았다.

그런데 아버지 생각에는 딸이 셋이나 있어서인지, 이사하고 얼마 지나지 않아 아버지는 집에 들어오시는 날이 절반도 안 되었다. 퇴근길에 막걸릿집 아줌마가 좋아서 그 집에서 사는 날이 점점 더 많아졌다. 그때는 초등학교 4학년쯤이었다.

어쩌다 집에 오시면 아버지는 고함을 치셨고, 그때는 밤마다 요강이라는 게 있었는데 고함을 지르며 집어던지니 매일 깨지고, 그다음 날 또 사야 했다. 너무 싫었다. 아버지가 싫었고, 어머니도 싫었다.

학교 갔다 오면 내가 할 일은 항상 동생을 업고, 집 청소, 걸레질, 요강, 동생들의 기저귀 빨래하는 것이 내 몫이었다. 너무 힘들었다.

다른 또래 아이들은 어머니께 어리광도 부리며 때도 쓰는데, 나는 그런 것과 아주 거리가 멀었다.

아침마다 눈을 뜨면 쑥을 캐러 나갔다. 왜냐하면 아버지가 숙취에 좋다고 쑥을 캐오라고 하셨기 때문이다. 쑥은 깨끗이 씻어서 장독대 돌에 놓고, 돌로 찧으면 쑥물이 나오는데, 그걸 그릇에 담고 쑥을 꼭 짜서 그물을 아버지께 드리는 것도 나의 일이었다.

어떤 이가 말하기를, 쑥물에 사카린이라는 단 것을 넣어서 마시면 죽는다고 했던 것 같았다. 그날 어머니가 장사 가시고 아무도 없어서, 나는 쑥을 좀 뜯어다가 아침처럼 돌로 찧어서 국물을 만든 다음, 어머니가 쓰던 사카린을 봤기에 얼른 표가 안 나게 조금 넣어서 마셨다. 그 어린 나이에 그냥 죽는 게 낫다는 생각이 들었기 때문이었다.

조금 있다가 속에서 부글부글하더니, 정말 죽을 것 같았으나 죽지는 않고 배만 아파서 돌돌 굴렀다. 어떡하든 죽자고 참았지만, 한참이 지나도 죽지는 않았고 배만 아팠다. 나는 어머니에게 이 사실을 말하지 못했다. 어머니가 돌아가실 때까지 말하지 않았고, 이제야 처음으로 이 이야기를 꺼낸다. 아마 내가 처음으로 죽으려고 생각했던 때였을 것이다. 요즘 말하자면 자살이라고 할 수 있는 그 생각이었다.

동생이 태어났다

어머니는 동생을 낳았다. 그동안 아버지는 두 집 살림하셨고, 아버지께서 작은엄마라고 불러라 하셔서 나와 동생은 작은엄마라고 불렀다. 작은엄마도 임신하게 되어 우리 엄마가 두 달인가 빨리 아기를 낳았는데, 이번에도 딸이었다. 그래도 내 기억에는 아버지가 읍내 장에 가서 광어라는 생선을 사 오셔서 작은엄마가 우리 집에 와서 미역국을 끓여 주었다.

그런데 어떻게 작은엄마도 딸을 낳은 것이다. 온 동네가 딸 부자라고 소문이 나고, 작은엄마가 아버지의 아이를 낳았다고, 작은엄마의 빚 받을 사람들이 우리 집으로 와서, 요즘 말하면 빚잔치를 한 셈이다. 하루아침에 우리 식구는 거지가 되어 마을 저 끝에 있는 큰 못 밑에 있는 초가집 셋방살이를 해야 했다.

작은엄마는 자기가 낳은 어린 딸은 자기가 데리고 있을 테니, "○○"라는 아이만 우리 집에서 키우라며 네 살인가 다섯 살인가 그 아이만 두고 자기 친정집으로 가버렸다. 아버지는 창피해서 그곳에서 도저히 근무할 수 없다며 다른 곳으로 전근을 신청하셨고, 어머니와 작은엄마 둘이서 새로 발령받은 대로 작은 엄마랑 아버지랑 그곳에서 살게 하시고, 나와 내 동생들, 그리고 어머니는 여기서 그냥 살기로 약속이 다 되어 있었다. 그런데 신의 장난인지, 기다려도 기다려도 소식이 없어, 그렇게 많이 시간을 기다린 것 같았다. 끝내 작은 엄마가 우리 집에 와서 "○○"을 데리고 친정에서 살겠다며 열차를 타고 친정으로 떠난 날, 퇴근 시간이 다 되어 아버지에게 다른 장소로 가라는 전근 통지가 온 것이다.

떠나간 작은 엄마가 다시 돌아와야 했지만, 작은엄마는 이미 친정에 도착했다고 안 온다고 하여, 어쩔 수 없이 우리 식구는 새로운 곳에 이사를 하게 되었다. 그곳은 초등학교 5학년 겨울 방학쯤 된 시점이었다.

이사한 그곳에서는 이제 정말 정희라는 내 이름과 작별을 했다. 아버지, 어머니 두 분은 더 이상 정희라는 이름을 쓰지 않기로 하셨다. 내 새 이름은 순애이다.

이사를 가서도 형편은

그리 좋아지지 않았다. 빚으로 거지처럼 살았는데, 이사 갔다고 부자가 되는 것은 아니어서, 아버지는 매일 밥상 앞에서 반주처럼 술을 마셨고 월급의 반은 외상 술값으로 나갔다. 집에서는 아이들이 커가면서 더 많이 힘들었지만, 워낙에 부지런하신 어머니 덕분에, 작은 자투리땅들을 얻어서 남들이 모심기하고 남은 모를 주워다가 모를 심으셨고, 어떻게든 살겠다고 자식들 입에 밥을 굶기지 않으려고 정말 허리띠를 졸라매시며 어머니는 자신의 배고픔을 달래시며 우리 입에 밥을 주셨다.

그러나 그 밥에는 시래기, 쑥, 도토리 가루, 감자, 고구마, 무, 콩나물 등 온갖 재료들을 넣어 매일 바꾸어가며 만들었고, 쌀은 아버지 밥에나 조금

들어있었을 뿐이었다. 그다음은 맨 밑의 동생 순으로 올라오는데, 내 밥은 항상 꽁보리밥이었고, 저녁에는 정말 말이 죽이지 개나 돼지처럼 꿀꿀이죽 같은 것을 먹고 살았다.

아버지 밥그릇에는 아침저녁 할 것 없이 흰쌀이 섞인 밥이 담겼다. 온종일 일하고 오시니 배고프다며 항상 어머니가 그렇게 챙기셨고, 우리 죽 먹는 모습은 아버지에게 아예 보이지 않았다. 그런 것을 아버지가 아시는지 모르시는지, 아버지는 저녁마다 외상술을 마셨다.

전학해 온 학생이라 학교에서는 많은 친구를 사귈 수 있었다. 부산에 사시는 친척분 딸이 와서 나에게 중학교 가면 쓰라면서 만년필을 선물로 주고 갔다.

나는 너무 신기하고 좋아서 학교에 가지고 가서 자랑했는데, 어떻게 잘못해서 잉크가 흰 윗도리에 묻게 되었다.

집에 오니 어머니가 나가 죽으라며 또 때릴 기세였다. 나는 그 길로 정말 죽어야겠다고 강으로 갔다. 철길 밑에 강이 흐르는데, 그곳에서 사람들이 빠져 죽었다는 소리를 들은 것 같아 나도 그 강물에 빠져 죽으러 갔다. 두 번째 자살을 하려고 갔다.

강물을 바라보니

물이 깊어 시퍼런데 무서워서 도저히 뛰어내릴 수 없어 쪼그리고 앉아 있는데, 동네 꼬마가 지나가길래 "너, 나 좀 밀어줄래"라고 했더니, 그 아이는 우리 집에 가서 그 말을 한 것이다.

해는 져 어둑함이 가득한데, 아버지가 퇴근하셔서 어머니가 밥을 푸고 계시던 때에, 마침 이슬비가 살살 내리니 밥을 푸시던 어머니가 눈물을 흘리셨다. 아버지가 "왜 그러느냐"고 물으니, 어머니는 "큰애가 죽는다고 강에 가더니 아직 안 왔는데, 아마 물에 빠져 죽은 것 같다. 하늘도 불쌍해서 지금 이슬비가 오는 것 같다"라고 말씀하셨다.

그 말을 들은 아버지는 밥상을 뒤로한 채 지게 짝 작대기를 들고, 내가 물에 빠져 죽었으면 건져 올리겠다고 작대기를 어깨에 메고 매우 빠른 걸음으로 강으로 오셨다. 나는 도저히 강에 뛰어내릴 자신이 없어 저쪽으로 오고 있었는데, 아버지가 오시는 모습을 멀찍이 보았다. 그날도 조용히 넘어가지는 않았다.

왜 나는 안 주실까?

나는 모든 떡을 좋아하지만, 특히 송편을 좋아한다. 하루는 아버지가 나랑 둘째 동생이랑 기차를 타고 먼 친척 집에 갔다 오는 길에 나무 그늘에 잠시 쉬어가자며 앉았는데, 때마침 떡 장사가 지나가고 있었다. 아버지는 송편을 사서 동생 손에만 쥐여주고 나는 하나도 안 주셨다. "왜 나는 안 주시느냐"고 물으니, "너는 크니까 동생은 작고 배고프니까 언니가 양보하라" 하셨다. 그런데 미운 것은, 떡은 동생이 먹고 손에도 들고 있는데 아버지는 나보고 동생을 업으라고 하셨다. "동생 다리 아프니까" 하시면서, 아까 갈 때도 없고 갖고 올 때도 업고 왔는데, 동생은 떡도 먹었는데 또 나보고 "동생 다리 아프니 업고 가자"라고 하셨다.

매일 아침 눈뜨면 아버지 다리 아프다고 다리 주무르는 것도 나였고, 술심부름도 나였는데 나도 떡이 먹고 싶었고 나도 배가 고팠다. 내가 중이었을 때 어머니는 동생을 낳았는데 이번에도 딸이었다. 그러니까 딸이 다섯 번째였다. 아버지와 어머니는 동네 사람들한테 창피해서 밖을 못 나갈 정도였다.

그만해도 내가 컸다고 일요일이면 산에 가서 나무를 해야 했는데, 오전에 한 번, 오후에 한 번, 두 번을 해야 했고 평일에는 학교 마치고 집에 오면, 보리쌀 삶아서 밥하는 게 나의 일이었고 물은 머리에 물동이를 이고 길어다 먹었다.

아마 내 키가 작은 것은 일도 많이 했지만, 동생들을 업느라고 허리도 좀 구부정해졌고, 물 길어오느라 나무해오느라 무거운 것들을 머리에 너무 많이 이고 다녀서 그런 것 같다. 그래서 키도 작고 몸도 좀 강하지 못한 것 같은 생각이 든다. 지난 세월이지만 이렇게 돌이켜보니 참으로 정말로 너무 힘들게 세월을 보낸 것 같다는 생각이 든다.

지난 날의 아픔

나 어릴 적에는 아버지께서 철도에 근무하셔서 그래도 기차는 패스로 어디든지 갈 수 있었고, 밥은 안 굶었는데, 아버지가 사업을 한다며 철도를 그만두시고 곡물 장사를 하셨다.

자전거에 이것저것을 싣고 장날마다 나가셔서 장사하셨는데, 그게 그렇게 쉬운 일은 아니었다. 그 와중에 역장 처남이라는 사람이 집에 놀러 오셨다. 결론을 말하자면, 그 사람은 부산에서 왔고, 역장 처남이라 하니 아버지도 그렇게 의심이 되지 않았고, 얼마나 지났을까?

하루는 아버지가 부산에 가신다고 정장 차림에 그때 중절모까지 쓰시고, 넣어 놓았던 구두를 빤짝빤짝 닦아서 신으셨다. 그 처남과 함께 부산을 다녀오셨다.

그 사람이 아버지께 부산에 공장 짓는 것을 보여주면서, “여기 돈 좀 빌려주면, 즉 투자하면 과장 자리를 하나 드릴 수 있다”라고 말했다.

아버지는 곡물 장사하는 것보다 부산에서 이렇게 큰 공장에 과장 자리를 준다니 거절할 이유가 없었다. 그 공사장에 현장 작업하시는 분들이 역장처남을 보고 "차장님 어서 오세요"하며 아주 친절하게 대하고, 의자에 앉아 커피도 마시고,

그날 이후로 아버지는 장사는 하지 않으시고 그 사람과 어울려 다니시느라, 그때 내가 중학생이었다.

겨울 방학이 얼마 남지 않은 때, 저녁에 집에 오니 엉망이었다. 하다못해 메주 달아놓은 것, 이불, 놋수저까지, 여하튼 우리 가족이 밥을 먹을 숟가락만 남고 솥단지 하나만 남았다.

알고 보니 아버지가 사기꾼의 말에 조금만 더 조금만 더 하니까, 아버지는 온 동네 아는 사람에게 돈을 빌렸고, 이제 정말 더는 돈을 빌릴 때가 없다는 것을 알았는지, 그 사기꾼은 "이때까지 사기였다고 자기도 몰랐다"라고 말했다.

그 말이 온 동네에 퍼지자, 돈을 빌려준 사람들이 집에 와서 다 가져갔다.

정말 저녁에 먹을거리가 없었다. 학교 갈 때 냉수 한 사발 마시고 가고, 점심때 다른 친구들은 밥을 먹는데 나는 밖에 나와 있을 수밖에 없었다.

그때는 다달이 월사금이 있었는데, 지금 땟거리가 없어 냉수 한 사발로 견디고 있는 나에게, 학교는 그런 사정을 아는지 모르는지 아침 모임 때마다 담임 선생님은 꼭 내 이름을 부르며 일어나라고 하시고 언제 가져올 거냐고 물으셨다.

그럴 때마다 정말 학교 가기 싫었다. 교무실에서도 불러서 언제 가져올 거냐고 물으셨다.

특히 우리 학교는 중고등학교가 함께 있고, 남녀 공학이라서 더욱 창피했다. 갈 곳은 딱히 없고 배는 고파도 학교에 가야 하고, 학교에 가면 늘 창피했다.

그렇게 어떻게 지냈는지 모르겠지만, 중3 여름 방학을 딱 열흘 앞두고 나는 담임 선생님께 학교 그만 다니겠다고 말하고 가방을 들고 어디로 갔는지는 생각이 나지 않는다.

해 질 무렵 집에 가는데, 저만치서 보니 담임 선생님과 급우 몇 명이 집에서 아버지, 어머니와 이야기하는 모습이 보였다. 나는 다시 발길을 돌려 집에 바로 가지 않았다.

그것이 내 마지막 교복을 벗은 날이다. 나는 그다음 날 바로 아버지 외가 쪽 친척 집에 식모로 가게 되었다.

집에서 시키는 일이나 하고 학교에 가고, 그게 전부인 내가 남의 집에서 식모 산다는데 용납이 안 되었지만, 집에는 땟거리가 없고 하니 학교도 그만두었으니 당장 친척이라 말은 하지만, 그게 그런 나, 식모는 식모지.

아침부터 종일 할 일이 너무 많았다. 그런데 친척 집에서 그 앞에 사는 다른 할머니 댁으로 나를 보내었다. 내 생각과 의도는 전혀 아니었다.

몇 달을 살면서 밖에 심부름하면서 보니까 전봇대에 '차장 모집'이란 걸 보았다. 나는 온다 간다 말도 없이 할머니 집을 나와 차장 하려고 버스 사무실에 가니, 이런저런 서류가 필요하다고 했다.

어떻게 갔는지는 모르겠는데, 아마 그때는 기차표를 사서 다녀야 했을 텐데, 어떻게 몰래 기차를 타고 집에 간 것 같다.

그래, 서류는 해왔지만, 그날 밤에 당장 잘 곳이 없었다. 돈도 없었고, 그렇다고 식모 살던 집에 가기는 싫었고, 해가 지고 어둡고 배도 고프고 춥기도 하고, 그렇다고 갈 곳도 없었다.

도로를 걷는데 정말 정처 없이 옷 보따리 속에는 갈아입을 팬티 하나, 윗도리, 무릎까지 오는 몽땅 치마 하나 보듬고 걷고 있었다. 그때 내 나이는 열다섯인가, 열여섯인가?

길옆에 한 집이 보이는데 대문이 없었다. 나는 그 집 아궁이에 손을 넣어 보니 따뜻했다. 부뚜막에 손을 얹고 아궁이 앞에서 쪼그리고 앉아서 나는 왜 이렇게 힘들어야 하는지, 부모가 있지만 나는 고아 같은 생각이 들었다.

깜빡 잠이 든 것 같다. 벌떡 눈을 뜨니 새벽이었다. 주인한테 들킬까 봐 길을 떠났지만, 차장이 아니고 당장 먹고 잘 곳이 필요했다. 그래서 또 전봇대에 '식모 구함'이라고 쓴 곳을 찾아갔다.

거기서 하는 일도 다 같았고, 해도 해도 끝이 없었고, 거기다 안 맞으면 다행이었다. 작은 불만들이 불평하게 했고, 불평이 잦으니 반항으로 변했고, 반항이 나를 방황하는 사람으로 만들었다. 나는 방황 아닌 방랑자가 되었다.

몇 군데나 돌아다녔다.

나 위에 언니가 있든지 오빠가 있든지, 그러면 이야기라도 들어서 사회생활을 배우는 데 도움이라도 받았겠지만, 내 옆에는 아무도 없고, 오직 나 혼자서 살아야 하니 이 넓은 하늘 아래에서 견디어 낸다는 것이 얼마나 어려웠는지 아무도 모를 것 같다.

내 생에 가장 큰 시련

어머님이 돌아가시기 한참 전에 내가 마음을 못 잡고 이리저리 방황하며 방황자 같은 내 가슴에도 이상한 감정이 생기고, 사랑하는 사람도 만나게 되었다. 부모에게서 못 받은 사랑을 그 사람은 나를 배려하며 사랑으로 감싸주었다. 키도 크고 잘생겼고, 나한테 너무 잘해준다. 나는 아버지와 어머니의 정을 받아본 적이 없으니 그 사람이 나에게 너무 잘해주는 것 같아서 순식간에 그 사람에게 빠질 수밖에 없었다.

우리는 결혼을 하기로 하고 동거를 시작했다. 집에 결혼하겠다고 하니 어머니는 사윗감이 왔다고 닭 한 마리 사다가 반찬을 만들어주셨고, 우리는 맛있게 부모님과 동생들과 밥을 먹었다. 양쪽 어른들이 만나 상견례를 해야 한다는 걸 몰랐다.

그저 둘이 좋다고 결혼하겠다고 하니 결혼 날짜를 잡아서 알려주겠다고 하셨고, 그러고 헤어진 지 일주일도 안 되어 어머니가 돌아가시게 되었다.

장례 후에 알게 된 사실인데, 내 결혼을 두고 두 분이 싸우셨다고 했다. 그때 나는 집에 없었기에 그 상황을 잘 몰랐다. 그저 어머니가 돌아가신 것에 대한 두려움과 당장 어떻게 해야 할지 몰랐다. 내가 감당하기에도 벅찬데 아버지는 머리 뒤통수에 붕대를 반창고로 붙이고 계셨다.

어떻게 된 일이냐고 물으니 술을 드시고 오시다가 넘어져서 머리를 다치셨다고 했다. 어머니는 머리가 아프다고 방으로 들어가서 누우셨다.

중학교 다니는 동생이 저녁을 해서 식구들과 저녁을 먹고 한밤중에 막내가 울어 일어나 보니 어머니는 이미 숨을 거두신 뒤였다.

물론 결혼은 못 했고, 한참 후에 알게 되었지만, 그 사람은 유부남이었다. 어머니도 안 계시고, 정말 의지할 데가 없었는데, 그 사람과 아이까지 가지게 된 나는 고통 속에 살고 있었다.

내가 하면 사랑, 남이 하면 불륜.

그런데 그때 내가 아이를 낳으면 동생들을 챙길 수 있을지, 그런 의문도 들었고, 내 자식이 손가락질받는 그런 아이는 안 만들겠다고 낙태를 선택했다. 그리고 그 사람과도 이별하려고 했지만, 그 사람은 나를 놓지 않으려고 애를 많이 썼다.

하지만 하늘의 뜻인지, 어느 날 음주 교통사고로 세상을 떠나게 되었다.

어머니의 죽음도 너무 힘든데, 낙태와 사고의 순간들이 내 생에 가장 큰 시련이며 아픔이었다.

어머님의 노고

어머니도 어려서 초등학교 4학년까지 다니셨는데, 외할머니가 돌아가시고 새엄마가 오시면서 그 후부터 동생들을 보느라고 학업을 못 가셨다. 그래도 책을 보고 싶어서 애써보며 달밤에 글을 읽으셨다고 하셨다. 외할머니만 돌아가시지 않았으면 어머니도 공부를 계속하셨을 텐데.

내가 아는 어머니는 단 하루도 마음 편히, 몸 편히 사신 적이 없으신 것 같다. 어머니는 그런 형편이셨기에 더욱 허리띠를 졸라매시고, 한 푼 두 푼 모아서 초가삼간 짜리 집도 장만하셨고, 중학교 뒷산 끝자락에 있는 다랑논 두세 마지기를 사서 모심은 것을 나에게 보여주시며 너무 기뻐하셨던 모습이 눈에 선하다.

아버지가 술로 세월을 보내니, 딸자식들 혼사 때 쓸 돈을 모아서 이웃들에게 빌려주시기도 했다. 자장면 가게에는 제법 많은 돈을 빌려주었지만, 아버지가 모르는 돈이라는 것을 그 사람들은 알고 있었기에 갚을 생각이 없는 듯 보였다.

빌려 갈 때는 어머니에게 사정하고 달라고 하면 차일피일 미루기 일쑤였다.

어머니 돌아가신 후에 끝내 아무도 빌린 돈을 갚지 않았다. 며칠 전까지만 해도 이자 받으러 갔던 집인데, 어제는 어머니께 드렸다고 하며 빌려주신 돈은 한 푼도 돌려받지 못했다.

어머니 마음속에는 오로지 나 때문에, 그 여리디여린 가슴이 다 타버려 검은 재도 없을 정도였다. 딸이기에 아버지가 꼭 계셔야 한다는 생각만으로, 당신 사시는 동안 정말 따뜻한 쌀밥 한 그릇 배부르게 드신 적 없으셨고, 얼굴에 동동 구름 하나 써보지 못하셨다. 오직 참아야 한다는 생각만으로 살아오신 것 같다.

누구 때문에?

나 때문에.

동생들 때문에.

아비 없는 자식 만들지 않으려.

끝내 어머님은 45세 음력 동짓달 초엿샛날 삶을 마무리 하셨다.

아래는 내가 직장 생활을 할 때, 그룹 차원에서 공모전이 있어서 출품한 작품이다.

제목: 정아와 새우깡

인천으로 시집간 막냇동생이 오랜만에 제부와 꼬맹이 정아랑 집에 왔다. 동생은 친정 왔다고 들떠 있고, 제부는 혼자 사는 처형이라고 집안 곳곳 손질할 곳을 찾아 고쳐주었고, 정아는 낯설어서 그런지 엄마 곁을 떠나려 하지 않는다.

첫 돌이 한 달 정도 남아있지만, 하는 짓 모두가 여간 귀엽지 않다.

이튿날 저녁, 동생은 친구들을 만나고 올 테니 정아를 좀 보라고 한다.

정아 모르게 외출하게 하려고 정아를 업고 집을 나서니 눈치라도 챘는지 울먹이기 시작한다.

한참 후 방에 들어왔더니 정아는 아무도 안 보이니까 숨이 넘어갈 듯이 울기 시작하는데, 아무리 달래도 그치지 않는다.

안 울 때는 그렇게 이쁘더니, 엄마를 찾으며 떼를 쓰는 모습이 조금은 미워 보였다.

어쩔 줄 몰라 한참 서성이다 아까 먹던 새우깡이 눈에 띄었다.

나는 얼른 정아 손에 새우깡을 쥐여주면서 달랬다.

정아는 울음을 그치는 듯하면서 내 등에 얼굴을 기대었다.

잠이 들려나 싶어 거울에 비춰보니 까만 눈망울에 눈물이 가득 고였고, 입에는 새우깡을 물고 있었다.

문득 지난날 정아 엄마를 키울 때가 생각났다.

막냇동생이 정아만 할 때, 우리 어머님은 갑자기 세상을 떠나셨다.

그때 막냇동생은 한창 엄마 품에서 젖을 먹을 때였다.

낮에는 그런대로 지낼 수 있었지만, 해가 지고 어둠이 오면 엄마를 찾으며 막내가 울고, 다른 동생들도 엄마 생각에 시무룩해지면, 칠 공주 맏이인 나는 막내를 업고 같이 울었다.

지금 생각하니 지난날이 꿈만 같다.

그 당시 동생들에게 엄마를 잊게 한 것이 라면땅이었다.

동생들이 울 때마다 손에 라면땅을 쥐여주었고, 라면땅이 입 안에 있는 한 막내는 울지 않았다.

지금 내 등에 업힌 정아는 새우깡을 물고서 엄마를 잠시 잊고 있나 보다.

가슴이 찡하다. 나는 얼른 정아를 꼭 안고서 까만 눈망울에 맺힌 눈물을 닦아주며, “정아야, 네 엄마는 라면땅을 먹으면서 너의 외할머니를 잊고 자랐다. 너는 엄마, 아빠 사랑 속에 자라잖니. 그러니까 이 새우깡 먹으면서 엄마 올 때까지 울지 말아라. 알았지?”

꼬맹이 정아는 알아들었다는 듯이 두 눈만 깜빡이고, 나는 정아의 다른 손에도 새우깡을 쥐여주었다.

1996년 6월 7일

이 작품으로 최우수상을 탔다.

2
나도 이제 남편이 생겼다

결혼

사실 나는 나이 오십 되던 해에 당신과 결혼했다. 그전에는 어머님이 안 계시니 동생들을 내가 제일 큰 언니니까 보살펴야 한다는 생각으로, 지금 모두 결혼해서 그런대로 잘살고 있다고 생각하는데 직장 동료가 선을 보란다. 나중에는 얼굴 한 번만 보여주고 차 한잔 같이 마시면 되는데 자기 남편 체면 좀 살려달라고 사정이 아니고 애원을 해 된다. 그러면 옆에 다른 동료들도 덩달아 그렇게 하라고 등을 떠민다.

봄 야유회 때 찍은 사진을 들고 남편 될 사람과 그 지역 부녀회에서 사진을 보고 결사적으로 나선 것이었다. 그날도 야간에 근무하고 쉬는 중인데 갑자기 선보러 오라고 나오라 해서 안 갈 수도 없고 할 수 없이 나갔는데, 그 지역 부녀회에서 봉고차로 한 차 와서 다방에 저쪽에 앉아서 나를 선보고, 이쪽에서는 중매쟁이로 나선 동료가 자기 남편과 내 짝이 될 사람과 같이 앉아 있었다. 내 마음에는 별로 안 들었다.

선을 본 다음날 퇴근 시간이 다 되었는데 경비실에서 누가 나를 찾아왔다고 해서 나가보니 어제 선을 본 그 사람이었다. 순간 몹시 당황했다. 정말 생각도 안 했기 때문에 옷을 갈아입고 승용차에 탔는데, 나는 옆자리가 아니고 뒷좌석 문을 열고 뒤에 앉았다. 며칠 동안 그렇게 바래다준다고 오셨는데 그때도 뒷자리에 앉으니 앞에 앉지, 뒤에 앉지 않냐며 한마디 하셨다.

프러포즈 받은 것은 아니지만 내 생일(은 아직 멀었는데) 또 데려다준다면서 오셔서 차에서 내리니까 봉투 하나를 주셨다. 웬 거냐고 물으니 집에 가서 읽어보라고 하길래 받아서 집에 와 뜯으려고 봉투를 보니 겉봉투에 "영원한 동반자"라고 쓰여있고 안에 편지에는 "18세 소년도 아닌 초로의 인생이 이런 글을 쓴다는 것이 퍽 우스운 생각이 듭니다. 인생은 60부터라는 말이 나를 두고 하는 것 같군요. ○○씨를 만나고부터 이 말이 더욱 실감이 납니다. 허전한 마음을 메꾸워 주고 그 연약한 몸에 한없이 기대고 의지하고 싶은 내 심정이 왜 이렇게 약하게 보이는지 모르겠습니다. 내가 표현하고 싶은 것은 이런 마음이 아니고 둘이 손잡고 가게에 가서 찹쌀 사고 미역 사고 참기름 짜서 먹을 수 있게끔 정성이 들어야 하는데 몇 푼의 돈으로 표시한다는 게 왜 이리 괴로운지 모르겠습니다. 아무것도 아니고 보잘것없는 것이지만 식사 시간 그러지 말고 꼭 잡수시면 합니다.

○○씨, 지내온 과거는 과거사로 묻어 둡시다. 우리에게 닥칠 찬란한 여명을 즐거운 마음으로 준비합시다. 나는 ○○씨를 믿음과 사랑만으로 내 곁에 엮어두고 싶습니다. 1996. 9. 5. 11:30분" 마지막에는 ○○씨를 영원한 반려자로 두고 싶어 하는 ○○드림이라고 쓰여 있었고 현금 십만 원이 같이 있었다.

나는 지금도 그때 그 봉투를 가지고 있다. 많이 힘들 때 그 편지를 읽으면서 그때 그분의 처지를 생각해 보기도 했다. 결혼하고 안 사실이지만 그 사람은 나를 선보고 가서 내 신원을 조회도 해보고 또 그 동네 메리야스 파는 가게에 들러서 나의 정보를 알아보라 하니 가게 주인은 내가 다니는 회사 사람을 붙잡고 물으니 마침 한 부서에서 같이 근무하던 사람이라 나를 너무나 잘 알고 있어서 나를 평하기를 머리에서 발끝까지 버릴 게 없는 사람이고, 그때 내 별명이 교장 선생님이라는 것도 말해주고 사는 형편은 아마 모르긴 몰라도 낙동강 강물은 마를지 몰라도 그 사람 주머니는 안 마를 거라고 자기로서는 내 표현을 자기 느낀 대로 너무 과찬을 말했던 것 같다. 우리는 남을 의식하지 않고 사는 게 우리네 삶인데 언제 어떤 일로 나처럼 남들에게 평가받을 수 있다는 걸 염두에 두고 사는 사람이 얼마나 될까? 나도 그럴 거라고는 생각 안 하고 살았었다. 그런 이야기를 들은 당신은 꼭 잡아야겠다고 생각한 것 같다. 부모님도 안 계시지 동생들도 다 출가시켰지, 사는 것도 크든 작든 내 집이라 하지. 호주머니 돈 마른 거 못 봤다고 하지. 낳아 기른 자식도 없지, 너무 조건이 좋았던 것 같다.

나는 처음에 갑상선 질환이 있어서 안 된다고 하니 당신이 고쳐 줄 수 있다고 했다. 나는 이런저런 핑계를 대며 안 된다고 했는데 마지막으로 점심 먹자며 만났는데 젓가락질을 하면서 손이 바들바들 떨고 있었다. 그 손을 보는 순간 나는 나 자신에게 이렇게 말했다. 내가 뭐 그리 대단하다고 일개 면 단위 소장이신 저 사람이 내 앞에서 저렇게 떨까? 내가 끝까지 안 한다면 저 사람이 그 많은 면민에게 말발이나 서겠나 하는 생각이 들었다. 그런데 당신은 "○○씨, 나는 당신에게 바라는 거 아무 것도 없어요. 시금치나물만 만들어주면 그걸로 밥 한 번 비벼 먹고 싶어요." 그러면서 그 떨리는 손으로 고기 한 점을 내 밥 위에 올려주는데, 그래 시금치나물 정도야 할 수 있다는 생각이 들어 결혼하자고 대답했다. 여하튼 이런저런 사연도 있었지만, 당신은 빨리 결혼하자고 했지만, 결론은 그 해를 넘기고 하자고 했다. 그러고서는 야간 출근 때 회사까지 데려다준 적이 몇 번 있었는데, 만날 때마다 감정이 끌리지 않아서 하루는 결혼 없던 걸로 하자 말하니 당신이 나를 두 번 죽게 만드는 거냐며 안 된다고, 나 너무 힘들고 지쳐 있는데 애들 엄마 장례 치르고 두 아들은 서울 보내고 혼자서 집에 들어가 보니 그 썰렁함을 알겠냐며 돌아서서 근무지로 오는데 남자의 눈에서 눈물이 났다며 다시 한번 기회를 달라고 했다. 그의 간절함에 결국 결혼을 2월 23일로 결정했다. 결혼 후 큰아들이 집이 필요하다며 졸랐다. 나는 아무 말도 안 했지만 결국 그가 아들의 요구를 들어주고 아파트를 샀다. [도배며 손보는 비용은 내가 부담했다] 결혼하면서 당신은 월급 통장과 도장을 내게 맡겼다. 나는 매달 가계부를 작성해 어디에 썼는지를 보여주었다. 당신은 돌아가신 분이 다니던 절에 가보라며 권했고, 나는 몇 차례 행사 때 다녀왔다. 스님이 천도재를 지내자고 해서 천도재도 올렸다. 결혼을 얼마 앞두고 당신 집에 가서 청소하고 보일러를 틀었는데 방이 차가웠다. 다음 날 다시 가보니 에어 스위치를 틀지 않아 공기가 차서 물이 흐르지 않았던 것이었다. 공기를 빼니 집이 따뜻해졌다. 한 번이라도 보일러를 확인했더라면 그 추위에 떨지 않았을 텐데, 전기장판에 석유 난로와 전기 난로를 켜고 지내셨다고 한다. 결혼 후 나는 돌아가신 애들 엄마가 쓰던 물건들을 그대로 사용했다. 이불부터 숟가락까지 바꾸지 않았다. 어머니를 잃은 아이들의 마음이 더 아플까 봐서였다. 또한 돈을 절약하려는 목적도 있었다.

결혼 후 첫해 12월 그는 정년퇴직했다. 두 아들은 군 복무를 마치고 대학에 다니고 있었는데, 난데없이 둘째가 한의대 가고 싶다며 재수를 시작했다. 그는 재수 3년 만에 한의대에 합격했다.

큰아들은 전기 공학과를 다니며 1급 기사 자격증을 땄다.

서울로 이사

둘째가 재수하는 사이 첫째는 전기공학과를 졸업하고 자기도 자격증이 필요한 공부를 더 하겠다며 고시원에 들어갔다. 나는 집에서 작은애에게 오십만 원, 큰애에게 오십만 원을 줬더니 연금은 백삼십만 원밖에 안 되는데 생활이 곤란했다. 둘째가 합격하고 그 해 집을 처분해서 서울로 가자 했더니 당신은 노발대발하며 "네가 먼데 내 집 팔아먹을래?" 하면서 결사반대했지만, 두 아들과 함께 한집에서 살며 장가가도 밥도 해주고 정을 들여야겠다고 설득하니 잠잠해졌다.

집을 사겠다는 사람이 마침 나타나 동네 사람들이 집 구경을 왔는데, 어떻게 죽은 사람 살림살이처럼 돌아서서 "혹시 모자라는 사람 아닐까?"라고 한다고 아래 가게 아줌마가 말해주었다. 결국 서울로 이사할 집을 구하는데, 마침 42평짜리가 이천만 원만 더 있으면 계약할 수 있다고 전화를 받고 내가 이천만 원을 해줄 테니 42평 계약해서 지금 이 집을 구매할 수 있었다. 그러나 그것은 나의 착각이었고 실수였다. 같이 살면서 부딪히는 일이 없겠냐만, 한번은 아침 식사 자리에서 큰아들이 수저를 던지며 자리를 일어나더니 "어제 육개장 안 주고 콩나물국을 주냐?"라며 나가 버렸다.

내가 끓이는 육개장을 세 남자가 잘 먹는다. 어제도 먹었으니 오늘 아침은 콩나물국이었는데, 안 그러면 육개장 없냐고 물어보든가. 그 일로 수저를 던지며 일어날 일인가? 옆에 당신도 있었고 작은아들도 있었는데, 다들 아무 말 없이 있었고 애들이 나간 뒤에 당신한테 "왜 보고만 있었냐? 당연히 당신이 야단쳐야 할 일이 아닌가?"라고 했더니, 당신은 저녁에 들어오면 말 좀 하라고 했다.

서울 생활에서 네 식구가 연금만으로 부족하여 큰애가 산 집을 팔았다] 그 후 한참 지나고 나서 세 번째 시험에서 떨어져 기분이 안 좋은 것은 사실이다. 그런데 내가 잘못해서 떨어진 것도 아닌데, 나한테 신경질적으로 굴어 화가 나지만 눈치만 보고 있었다.

큰아들이 어떻게 알게 된 역술인이 있다는데, 그 역술인이 내가 없는 게 나았다고 했는지, 도움이 안 된다고 했는지는 모르겠다. 여하튼 신경질을 부리는데 하루는 작은아들과 얘기하면서 작은아들이 "월급 주는 식모보다 낫지 않냐?"라며 그렇게 생각하라고 말했다. 큰아들이 와서 "월급 주는 식모보다 낫다"라며 고자질을 했고, 도저히 참을 수 없어 밤에 컴퓨터로 글을 써서 복사기도 있어서 복사한 뒤 편지 두 장을 써놓고, 당신한테 동생한테 같이 가겠다고 허락을 받고 동생 집으로 가면서 그때 나도 핸드폰을 갖고 있었고 휴게소에서 당신한테 전화해서 써 놓은 편지 읽어보라고 했다.

나는 나 기다리지 말라고 말하며, 동생에게도 온 이야기 하면서 늦은 저녁이었는데, 조카와 당신, 작은아들이 들어온 것이었다. 뜻밖에 가만히 있었는데, 당신은 뭐라고 이야기했는지 나는 미워서 돌아보지도 않고 바깥마당에 서 있었다. 저녁을 먹고 동생이 "언니야, 헤어져도 서울 가서 확실히 서류 정리 끝내라. 여기서 저러다 보면 형부가 어떤 일을 당할지 모르니까, 형부 얼굴색이 하얀 거 안 보이나? 무조건 내일 올라가라"라고 말했다.

다음 날 전날 밤 동생이 말한 대로 나는 당신과 작은아들과 같이 집으로 왔다. 그리곤 다들 거실에 앉아 있었는데, 내가 이 아파트 팔 때까지 내 돈이 얼마 들어갔으니 내 돈 달라고 차용증을 쓰자고 했고, 당신은 두 아들 앞에서 써주었다. 그래도 여전히 힘들게 하였다.

그럭저럭 2004년 여름에 작은 애가 졸업도 안 했는데 장가를 가겠단다. 양가 상견례를 하게 되었는데, 큰아들이 있어서 지금 당장은 어렵다고 큰애 장가가고 난 후 이야기하자고 했지만, 하도 졸라서 못 이긴 척하고 7월에 결혼해서 나갔다. 그때 우리 형편에 장가들일 정도가 안되었지만, 둘째 아들 처가에서 다 도와주셨다.

잘해주지만

큰애만 남았는데, 까칠하기가 말할 수 없다. 이렇게 해주면 이것도 아니고, 저렇게 해주면 저것도 아니고, 도저히 비위를 맞출 수가 없어 내버려 두었다. 그러면서도 여름 휴가철에는 당신과 나를 태우고 한 번은 강원도에서 제일 유명하다는 메밀 칼국숫집에 가서 점심도 사주었는데, 내 마음이 즐거웠으면 음식이 맛있었겠지만, 그렇게 된 놈이 이러니 별로 맛을 느끼지 못하고 먹은 것도 사실이다. 배가 고프니까. 음식은 즐거운 마음으로 먹어야 참맛을 느낄 수 있는 것이다.

월정사를 해서 맨 위에 있는 평화의 댐까지 데려가 구경시켜 주었고, 그곳에서 비목노래에 나오는 장면도 볼 수 있었다. 또 한 해는 해남 땅끝마을까지 가서 그 전부를 구경시켜 주며 전복죽도 사준 적도 있었다. 직장 동료들과 해외여행을 갔다 오면서 꼭 내 화장품 영양 크림도 사 왔고, 제주도 출장 갈 때는 그 비싼 갈치를 한 상자나 사 온 적도 있었다. 전국을 다 다니는데 그럴 때마다 고구마, 쇠고기, 그 지역 특산물 등을 사 온 적도 있다.

해남 갔을 때는 전복을 작은아들 것과 우리 것 두 상자, 큰아들이 돈을 주어서 사 온 적도 있다.

전립선 수술

어느 날, 난데없이 당신이 전립선에 문제가 생겨 우여곡절 끝에 중대병원 김세철 교수님께 진료받으니 빨리 암 수술을 하라고 하셨다. 난생처음으로 병간호를 하는데, 수술을 했기 때문에 육류를 먹으면 안 된다고 알고 육류를 안 드렸더니, 수술 부위가 살이 차지 않고 벌어져서 다시 병원에 간 적도 있었다. 왜 그러냐고 물으니, 육류를 너무 안 먹어서 그런 거란다.

우리는 그럭저럭해서 꽤 오랫동안 병원에 있었는데, 퇴원 후 치료가 잘 되었다고 했다. 그 당시 '건강 밥상'이라는 프로그램이 TV에서 방영될 때였고, 나도 그때 담당 의사 선생님의 권유로 건강 밥상에 우리 집 밥상이 방영된 적이 있었다.

둘째는 첫째 아이를 출산하고 벌써 아장아장 걸을 때였다. 협심증도 있어서 서울대 병원에서 검사하고, 보라매 병원에서는 다행히 수술은 하지 않았지만, 약은 계속 드셔야 했다. 그러는 동안 둘째네는 둘째 아이를 갖게 되었는데, 둘째도 딸이라서 당신 기분이 안 좋았다.

발등에 불

그렇게 또 시간이 지나고, 큰애가 시험을 치면 꼭 2점에서 4점 차로 떨어지니, 한 번만, 한 번만 하던 게 삼 년이 지났고, 결국 이번에도 떨어졌다. 나는 다시 해보라는 말을 할 수 없었다. 이제는 정말 나이도 생각해야 하고, 집 형편도 고려해야 했다. 큰애는 눈물을 삼키며 1년을 부동산 시험에 매달리더니, 다음 해에 취직하게 되었고, 아침에는 일찍, 저녁에는 밤 10시에서 12시 사이에 들어왔다. 일찍 집에 오기 싫은 것도 있다는 걸 나는 짐작할 수 있었다. 여러 군데 선을 보게 했지만, 마음에 안 들어 못했으며, 큰애가 마음에 들면 아가씨가 안 된다, 아가씨가 마음에 들면 큰애가 안 마음에 들고, 그럭저럭 37세가 되어 일곱을 갔는데, 내일모레면 정말 40살이 된다. 생각해보니 나는 마음속으로 발등에 불 떨어진 것 같은 기분이었다.

당신이 나를 너무 힘들게 해서 이 집을 벗어나고 싶을 때가 한두 번이 아니었다. 내 마음속으로 그래, 그래도 큰놈은 결혼시켜 놓고 나가야지. 홀시아버지 모신다고 하면 어느 아가씨가 시집올까, 그러니 내 손으로 저놈은 결혼시켜야 한다는 생각이 머릿속에 있었는데, 그런데 전에 요리 교실에 같이 다니던 사람이 나랑 나이가 동갑이고 생일은 내가 먼저였으며, 그 집에 소띠 토끼띠와 아들이 있었는데 나는 소띠 달라고 했지만, 소는 안 되고 토끼를 데려가라고 했다. 그래서 토끼는 안 된다고 한 적이 있는데,

서른일곱을 넘고 보니 소나 토끼를 가릴 처지가 아니어서 토끼 한 번 만나게 해주자고 연락했다. 아들에게 이번에는 아무리 마음에 들지 않아도 꼭 세 번을 만나보고 결정하라고 했다.

다음 날 아들은 "어머니, 그 아가씨 한 번 보신 적 있으세요?" 하고 묻길래 나는 "한 번도 얼굴 본 적 없다"라고 했다. 그러더니 아들은 그냥 방에 들어갔다. 다음날은 모닝콜을 했는지 내가 안 깨워도 일어날 정도였다. 그냥 그렇게 쉽게 결혼했으면 좋겠다고 생각했지만, 만나게 한지 백일이 되었는데도 결혼 이야기는 없었고, 아들은 토요일 밤이면 차를 세차해서 빤짝빤짝하게 하고 일요일에는 그 아가씨와 함께 전국을 다니는 것 같았다. 그날도 또 그렇게 나가길래 오늘 들어올 때 결혼할 것인지, 안 할 것인지 확 답을 받아 오라고 일렀다. 왜냐하면 그전에는 아가씨 엄마가 결혼시키고 싶어 했는데 내가 새엄마라는 걸 말하고 나니 결혼을 자꾸 미루는 것 같았기 때문이다. 나도 신경질이 났다. 결혼하려고 만나놓고 인제 와서 오빠 하고 싶다는 게 말이 되나?

우여곡절 끝에 그 아가씨와 결혼은 했다. 그때 당시 집에서는 전세방을 얻을 형편이 안 되어, 당신과 나는 시골로 내려가고 아파트는 큰애한테 주기로 했다. 그러나 두 아들이 이사 가지 못하게 해서 용인으로 전세로 내가 가게 되었는데, 그때 일억 이천만 원은 전세 자금을 전부 은행에서 대출로 해야 했다. 그때 일억은 융자, 이천만 원은 첫째 동생의 딸이 도와주었다. 그래도 한 달에 대출 이자가 그때 6.8%였으니 생활이 빠듯했고, 서울에는 협심증과 전립선 문제로 보라매와 중대병원에 다니며 힘들었다. 두 아들은 대출 이자를 한 번도 내지 않았고, 심지어 자기가 사는 아파트의 재산세도 내가 내주었다. 큰애도 임신하고 작은애도 세 번째 임신 중이라 겹경사가 났다. 둘째가 먼저 아이를 낳았는데, 또 딸이었다.

당신 욕심

그러니까 당신이 나보고 시엄마가 더듬어서, 즉 말해서 시어머니가 똘똘하지 못해서 작은 며느리가 또 딸을 낳았다고 하더라. 똑똑한 시엄마 같으면 검사해서 딸이라면 지우고, 아들이라면 놓도록 해야지, 그냥 내버려 두었더니 딸 낳았다고 나를 잡아먹을 듯이 덤빈다. 어이가 없다. 그런데 큰애가 또 딸을 낳았다. 그 집은 이제 하나니까 봐주는 것 같았다.

하루는 큰애가 와서 같이 살면서 애 좀 봐 달라고 했다. 나는 안 된다고 했다. 그전에 내가 이층집 하나 구입해서 당신과 나는 일 층에 살고, 큰애 부부는 이 층에 살자 했더니, 그때는 안 된다고 해 놓고 인제 와서 같이 살자 하니, 나도 싫다고 했다. 그때까지 큰며느리도 직장 생활을 하고 있었는데, 장가가기 전에 내가 당한 게 있어서 다시 그렇게 하긴 싫었다. 그래서 안 된다고 했다. 돌아가는 모습이 안쓰럽기는 했지만, 안 되는 건 안 된다고 생각했다. 이런저런 일들을 겪으며 2년이란 시간이 지나갔다.

우리는 다시 집을 구하러, 이제 서울 아들 집 가까운 곳으로 가자는 당신의 뜻에 따라 한 달을 용인에서 서울로 왔다 갔다 하며 알아보았지만, 마땅한 집이 없었다. 사실 돈만 있으면 문제는 없지만, 지금 이자만 나가는데 돈을 줄이니 맞는 집이 없다. 마지막 날, 빌라 오층에 15평짜리가 있어서 구경했는데, 그때까지 몇 평짜리인지 분간이 안 되었고, 구경하니 아무래도 살림살이가 들어갈 것 같지 않아서 안 되겠다고 나오는데, 당신이 이렇게 말했다.

"여기서 큰애 집도 길 건너니까, 살림살이는 여기 두고 넓은 큰애 집에서 살면 될 것 아니냐?"

결국, 큰애 집에서 아기보고 청소하고 밥하고, 식모살이라도 하라는 말이냐고, 나는 당신에게 이렇게 말했다.

"나 지금부터 당신하고 안 살았으면 안 살았지, 그렇게는 못 한다."

당신 고향으로 이사

그리고 내일 시골 내려가서 집 알아볼 거니? 당신도 올라가면 오고, 오지 않으려면 말아라. 그래서 서울 아파트 42평은 큰아들이 살고, 나는 23평 빌라에서 살고 있다. 그때 내 생각에는 이사만 생각했기에 주변을 둘러볼 여유가 없었다. 그저 방에 살림만 들어갈 정도면 되니까 주인집에서 음식 가게를 해서 음식 냄새가 종일 나고, 옆집, 앞집, 뒷집 모두 음식집이라서 먹지는 않아도 소, 돼지, 닭, 육류는 물론이고 생선까지 골고루 냄새를 맡는다. 정말 돌아서서 나가고 싶지만, 용인에서 살 때 융자받은 돈을 얼마 갚고 나머지로 전세를 얻어서 좋은 곳으로 가려면 돈이 더 있어야 하니까, 움직일 수 없다. 그렇게 그곳에서 6년을 살았는데 당신 몸 상태가 전립선암 수술을 했기에 두 달에 한 번씩 채혈해서 검사해야 하고, 또 대장암 수술도 했기 때문에 두 달에 한 번씩 약을 타러 가야 하고, 협심증 때문에 석 달에 한 번씩 약을 타러 가야 하며, 당신 몸이 힘들어하셔서 KTX를 타고 가는데 두 사람이 왕복하니 경비도 만만치 않은데, 처음에는 금요일에 가서 작은아들 집에서 자고 손녀들도 보고 토요일에 큰아들 집에 간다. 그러면 일요일까지 두 아들과 손녀들 다 볼 수 있어서 토요일, 일요일은 할인이 안 되고 월요일부터 금요일은 할인되기 때문에 그렇게 맞추어서 갔고, 병원 갈 일과 서울에 행사가 있을 때는 병원 예약을 늦추기도 하고 당기기도 해서 올라갔다. 가만히 보니까 큰애네가 작은 애 집에 먼저 가는 걸 싫어하는 눈치라서 그다음부터는 무조건 큰 애 집으로 갔다. 작은 애 집에는 자연히 발길이 뜸

해졌다. 아들이 둘이면 이 집 갔다 저 집 갔다 길거리에서 죽는다는 말이 생각나서 큰 애 집으로만 갔다] 그때 정말 이혼이라는 걸 하고 싶었다. 당신은 재혼에다 이혼까지 했다는 말을 듣기 싫다며 나보고 옷 보따리 사서 나가라 했다. 나는 갈 곳이 없으니 당신이 서울 아들 집에 가시라 했다. 그러고 한참 후에 서울 갈 일이 있어서 당신 혼자 보냈더니 두 아들이 이혼하고 전세금 가져오라며 당신이 말하기에, "이혼할 거면 돈이 문제가 아니고 마음이 문제"라며, 전세금 다 주어도 좋으니 이혼하자며 다음 날 법원에 가자고 나섰더니, 당신이 "나 할아버지만큼 살고 싶다. 그때까지만 내 옆에 있어 달라"며 내 손을 잡고 더는 아무 말도 하지 않았다. 그래도 전세금 4천만 원이 아쉬운지 "내 자식 짐 안 되게 니 내 앞에 죽어라." 하신다. 그러면서 내가 "예" 하면서 꼴깍 죽나? 그러니까 이번에는 "니 죽을 때 내 자식 짐 안 되게 초상 칠 돈 모아놓고 죽어라." 하신다. 보험금 나오니 걱정하지 말라 했다. 그렇게 "내 자식, 내 자식" 하시면서 왜 아들 집에는 안 가 있나 모르겠다.

하루는 눈앞이 안 보인다며 안과 가자고 해서 안과에 갔는데, 큰 병원에 가라셔서 큰 병원을 갔더니 눈 수술을 해야 한다기에 무슨 일인지 물었더니, 눈을 너무 많이 비벼서 핏줄이 터져서 눈에 피가 고여서 앞을 못 본다고 하며 입원부터 하라고 하셨다. 그다음 날 입원하고, 그다음 날 수술 후 결국 황반변성으로 치료를 받게 되는데, 두 달에 한 번씩 눈에 주사를 맞아야 했다. 비용도 만만치 않았다. 수술하고 엎드려 있어야 눈에 고인 피가 사라지는데, 내 남편은 고개를 빳빳이 들고 병원을 돌아다니니 선생님이 엎드려 있으라고 했는데 왜 돌아다니냐며 야단을 치셨다. 그래도 엎드려 있지 않으시고, 나흘 만에 퇴원했는데 집에 가서도 엎드려 있으라고 했으나 말은 전혀 안 들으셨다. 그때가 벌초하는 시기였는데, 당신은 그 몸으로 그 눈으로 그래도 어부인 묘는 당신이 직접 벌초한다고 산소에 가서 엎드려 풀을 베니 자연히 고개를 숙이게 되고, 그렇게 반나절 정도 하시더니 눈이 다 보인다며 좋아하셨다. 음력 설이라서 동생들이 인사차 왔길래 나가서 점심 먹자며 나갔는데, 얼마나 시끄럽게 신발을 끄는지 나는 저 정도로 가기 싫은가 하고 생각했는데 동생이 "언니야, 내일 당장 병원에 가봐라. 형부 지금 파킨슨 같다"라고 말했다. 깜짝 놀라 물었더니 자기 시어머니도 파킨슨으로 고생하다 가셨다며 일러주었다. 연휴가 지나고 병원에 갔더니 MRI를 찍어보시더니 혈관성 치매에 파킨슨이라고 하셨다. 치매는 늦게 발견되었고, 새벽 3시만 되면 일어나 골목을 빗자루 들고 온 동네 도로를 다 쓸었다. 도롯가에 사는 주민들이 새벽에 바닥 쓰는 소리가 귀에 거슬려서 한마디 하고 싶어도 각자 집 앞도 깨끗이 청소되어 있어서 아무 말도 안 하고 있었다는 걸 나중에야 알았다. 골목만 하시는 것이 아니고 옆에 공원까지도 청소한다고 지나가는 차들의 매연을 마시는 것이 싫어서 하지 말라고 빗자루를 숨겨 놓아도, 빗자루가 없으면 맨손으로도 하시니 안 그래도 폐도 만성 폐쇄성 환자인데 음식 냄새에 청소한다고 먼지에 매연에, 내가 동생들한테 하소연했다.

친구 집과 비교

친구 집에 점심을 먹으러 갔다. 음식은 밖에서 먹고, 차는 집으로 가서 마시기로 했다. 집에 갔는데 아파트 평수가 60평이나 된다. 정말 으리으리하다.

그다음에 다른 친구 집에도 가봤는데, 그 집은 45평이다. 그 집도 잘해놓고 사는 것 같았다.

우리 집은 너무 초라해 보였다. 빌라에 살면서 온 동네 음식 냄새까지 덤으로 맡으며 살아가니, 나는 그 사람들 앞에서 내 남편이 초라하게 보이는 것 같아 싫었고, 나 자신은 더없이 초라해 보이는 것 같아서 매우 속상했다.

그런데 가만히 생각해 보니, 그 두 집 다 자식 혼사를 못 시켜 아직 미혼인 자식이 있다는 걸 떠올렸다.

역시 피는 물보다 진하다.

둘째 동생이 그날도 몹시 더운 날이었는데 오더니,

"언니야, 더는 안 되겠다. 이사해라. 돈은 내가 우리 집 담보 대출받아서 해줄 테니, 집부터 찾아보란다."

나는 그 이야기를 듣고 컴퓨터로 부동산을 알아보니 산격동에 단독 주택이 9천만 원이었고, 4천만 원만 빌려달라고 해서 우리는 다른 곳으로 이사할 수 있었다.

이사한 집에는 마당이 좀 있어서 고추랑 가지랑 심을 수 있어 좋았다. 무엇보다 햇살이 마당에 가득하고, 골목길 가운데 집이지만 음식점이 없고 차도 안 다니고, 조용해서 좋았다.

당신은 집 보러 갔을 때 마당에 딱 덜어서더니, "계약하라"라고 하신 집이다.

나는 동생의 도움으로 그 지옥 같았던 빌라에서 탈출할 수 있었다.

이사 와서는 걷기운동도 게을리하지 않았는데도 몸은 점점 걷는 것을 싫어하게 되었다.

몸은 점점 쇠약해지고

전립선도 이제 다시 소변이 흐르기 시작하는데, 자기가 시원하게 소변을 봐야 하는데, 방광에 가득 차서 흘러넘치는 지경이다. 그로 인해 방광에 암이 생겨 암 수술을 세 번이나 했고, 방광에 소변이 늘 차 있으니 찌꺼기들이 돌이 되어 돌 깨는 수술도 두 번이나 하셨다. 협심증, 전립선 문제, 황반변성, 치아 문제, 담배를 죽자 살자 피워 만성 폐쇄성 폐 질환까지 앓고 계시다. 거기다가 선망까지 겹쳐, 다리는 점점 걸음을 멈추고 휠체어에 의지할 수밖에 없다. 휠체어가 혼자 굴러가나. 내가 뒤에서 밀어야 하는데, 하필 코로나가 와서 정말 힘들었다.

낮에 요양 보호사분이 오셔서 돌봐주기로 했는데, 얼마 안 가 누가 주인인지 모를 정도로 마음에 들지 않았다. 당신 운동만 걷는 것에 신경 써서 좀 걷기운동을 해달라고 했는데, 아침 9시에 오기로 했는데, 7시 반이면 와서는 우리 아침 다 먹을 때까지 혼자 핸드폰을 보다가 식사 끝나면, "당신이 안 간다." 하면 운동도 해주지 않고 집에 가버린다. 세 시간 동안 자기 편할 때 와서 시간이 되면 간다.

나는 요양 보호사 시험을 치려고 한 달에 20일 수업을 듣고 열흘은 현장 실습을 해야 한다고 하여, 낮에 당신을 제가 보내고 나는 학원에서 공부를 마치고 현장 실습을 가는데, 너무 힘들었다.

중환자실로

어느 날 오른쪽 옆구리가 아프다고 하셨다.

응급실에 새벽 1시가 넘어갔는데 심전도 검사를 하던 중 갑자기 떨기 시작했다. 태풍에 가로수가 흔들리는 정도는 저리 가라 할 정도로 심하게 떨어서 의사들이 주사를 놓으니 한참 후에 좀 잠잠해지면서 잠이 드신 것 같았다.

나는 꼬박 밤을 새우고, 다음 날도 병실에 못 가고 응급실에서 있었다. 저녁 8시쯤 병실로 올라갔는데, 당신이 정신을 차리지 못하고 횡설수설

하면서 혈압이나 산소 수치가 정상이 아니어서 병실 옆 처치실로 가서 보살폈다. 의사 선생님이 중환자실로 옮겨야 한다며, 만약 모르시면 가족들한테 전화해 오라고 하셨다. 마침 옆에 계시던 의사 선생님이 전화기를 바꿔 달라고 하셔서, 현 상황을 이야기하고 나에게 전화기를 넘겨주었다.

그렇게 통화는 끝나고, 당신은 중환자실로 가게 되었다. 가시기 전에 오른쪽 가슴에 핀을 꽂아야 한다며 양손을 묶고 나보고 나가 있으라고 하셨다. 핀을 꽂으려고 시도했지만, 당신이 너무 거부해서 실패했다고 하며, 중환자실에 가서 다시 하기로 하셨다. 당신은 중환자실에 가고 나서, 나는 짐을 챙겨 집에 가라고 하셨다. 새벽 3시가 다 되어서야 중환자실 앞에서 대기하라고 하셨고, 한참 있다가 들어가게 되어 당신을 보게 되었다. 당신 가슴에 핀도 꽂았고, 주사가 그렇게 많이 걸려있는지 주렁주렁 달려 있었다.

나는 짐을 챙겨 택시로 집에 갔다. 날이 밝으면 제가 실습하러 가야 하는데, 어제 응급실에서 병실로 옮기느라 실습을 빠졌고, 날이 밝아서 실습하는 곳에 갔더니, 그래도 당신이 그렇다고 말씀드리니 다행히 양해를 해주셔서 실습을 마쳤다. 그곳은 끝났지만, 아직 두 군데가 남아있었다. 저녁 5시 반까지는 응급실에 가서 당신을 면회해야 했다. 내 몸도 지금에서야 말하지만 버티기 한도 초과였다. 그러나 어느 하나도 포기할 수는 없었다.

서울에서 큰아들이 내려오고, 작은아들은 자기도 일을 하니 일요일밖에 시간이 없어서, 일요일에 작은아들이 왔다. 그렇게 한 달가량 중환자실에 계셨다. 나도 실습이 끝나고 시험만 치면 되는데, 시험은 한정 없이 미루어졌다. 중환자실에서 심장 스텐트를 박았다.

난데없이 2월 18일 대구 신천지 교회에서 코로나가 터져서 대구가 난리였다.

그때 그날이 정월 대보름날인데, 큰아들이 와서 중환자실에 있는 당신 면회를 하고 저녁을 먹고 서울 가는 차를 타려고 역으로 가면서 나보고 "아버지 돌아가시면 서울 올 생각하지 말고 여기서 살으라"고 한마디 한다.

"알았다"고는 했지만, 돌아가신 뒤에 일이 어떻게 될지 생각하고 있구나 하는 생각이 들었다.

우리는 일반 병실로 옮겨왔고, 당분간 콧줄로 식사하셔야 하는데, 뽑을까 봐 손을 묶어놓고 있었다. 그날도 손을 묶어놓고 잤는데, 어떻게 손을 빼서 꼽혔던 주사기랑 콧줄을 다 빼놓고 간호실로 나가다가, 간호사들이 한데 붙잡혔다. 간호사들이 난리가 났다. 환자를 못 봤다고, 피로 옷도 다 버리고, 병원에서 퇴원해야 한다고 했다. 요양 병원에 갈 수 있게 서류를 해주신다고 하셨다.

나는 집으로 간다고 고집을 부리니, 병원에서 싸인하라고 해서 보니, 일주일 안에 무슨 일이 생겨도 병원은 책임지지 않는다는 싸인이었다. 요양보호사를 배울 때, 눈에 안약 넣는 것, 약 먹이는 것, 기저귀 바꾸는 것, 콧줄로 식사하는 것, 심폐 소생술, 휠체어에 환자 앉히는 것, 걸을 때 옆에서 동행하는 방법 등을 다 배우고 실습을 했기에 가능한 일이었다.

집에서 병간호

내가 요양 교육을 받고 실습도 하게 된 또 다른 이유는 지금 요양 병원에 가면 면회가 되지 않으니까 그냥 집으로 고집했기 때문이다.

퇴원할 때 병원에서 내가 우겨서 집으로 가겠다고 하니, 차후의 책임은 병원에 묻지 않겠다는 조건으로 싸인하라고 했다. 그렇게 싸인하고 집으로 퇴원했다.

그때 택시로 오면 되는 것을 몰라 고모와 큰아들이 한데 부탁해서 퇴원했는데, 우리 집골목 입구에 차를 세우더니 조카가 당신 앞에 무릎을 낮추며 "외삼촌, 입이세요?" 하면서 등을 내어줬다.

나는 그 순간 너무 뜻밖이어서 정말 고마웠다. 그런데 당신은 안 업히고 지팡이를 잡고 걸어서 집에 오셨다.

그날 일을 치르고 나니, 돌 깨는 수술을 두 번이나 받았다.

돌 깨는 의사가 나이에 상관없이 굵은 돌만 집어내고 작은 돌은 그냥 소변으로 빠질 것으로 생각했는지, 소변을 볼 때마다 아프다고 야단이셨다. 당신은 방광에 소변이 차서 흘러내리는 상태였기에 요로가 자연히 좁아져서 작은 돌이 나올 때 그렇게 아파하셨다. 소변이 시원하게 나오지 않으니 요로가 더 좁아져서 두 달에 한 번씩 요로를 넓히는 시술도 받았고, 돌아가시기 얼마 전까지도 그렇게 하셨는데 이번 오십일 동안은 하지 않았다.

자연스럽게 방광에 항상 소변이 남아있다. 보니 방광암으로 세 번이나 수술을 받고 염증 치료를 반복했다.

그런데 이제는 호흡기가 자주 고장 나서 이번에는 호흡기내과를 자주 찾게 되었고, 산소가 부족하니 집에서도 산소 치료를 해야 한다고 해서 콧줄로 산소를 하고 계신다. 한 달에 한두 번씩은 응급실에 가신다. 나는 열만 나면 무조건 119를 불러 응급실로 가고, 밤에 갔다가 아침에 집에 올 때도 있고 며칠 입원할 때도 있다. 그러자 동네 사람들이 당신이 걷는 게 너무 힘들어 보인다고 하며, 나에게 "할아버지가 너무 힘드시니까 아파트로 이사하면 편할 텐데"라고 직접 말하는 사람들도 있었다.

우리는 그곳에서 6년을 살았다.

어쩌라고요

등 쪽이 너무 아파 병원을 가야 했는데, 혼자 두고 갈 수가 없어 휠체어로 같이 갔다. 시간이 오래 걸려서, 같이 모시고 가길 잘했다 싶었다. 오늘은 결과를 보는 날이라 혼자 갔다 왔다. 결과는 괜찮았지만, 무리하지 말라 하셨다. 의사 선생님은 무리해서 그런 거라고 하셨다.

어디 내가 아프고 싶어서 아프겠나. 당신을 돌봐야 하는데, 마음이 조급해져서 집에 오니 당신은 소파에 누운 것도 아니고, 앉은 것도 아니고, 엉거주춤하게 걸터앉아 계셨다. 몸이 안 되면 정신이라도 차리시든가. 이도 저도 안 되면 나보고 어떻게 하라고 하시는지 모르겠다.

아직은 그래도

살 만한 세상인 것 같다. 병원에 가면서 휠체어를 밀고 갔는데, 올 때 힘든 오르막이라 내가 힘들어하니 모르는 청년이 자전거에서 내려 나를 도와주었다. 요즘 같은 세상에 모른 척 그냥 지나갈 수도 있었는데, 아직은 정말 살 만한 세상인 것 같다. 정말 감사했다.

나는 힘들었는데

삼 일째 되는 날인데, 한참 오래된 것 같다. 코로나 3차 접종을 하고 골목을 올라오시느라 힘드셔서 몸살 겸 열이 나서 119를 불러 응급실에 갔다. 퇴원해서 집에 가는데 도저히 골목길을 올라가실 것 같지 않아 택시 기사님께 이천 원을 더 드리고 집까지 같이 모셔 달라고 부탁했다. 기사님 도움으로 겨우 마루에 눕힐 수 있었다. 해삼 퍼지듯이 누워서 닦이고, 죽도 먹고, 약도 먹였더니 이제 좀 눈을 뜨신다.

둘째 아들이 막내딸과 함께 소식도 없이 오면서 소고기 국거리랑 불고기 거리랑 사서 왔다. 잠시 후 저녁에 올라갔다. 그렇게 보고 싶어 하셨던 둘째 아들이었는데, 보고는 아무 말도 하지 않으시더니, 가니까 못내 아쉬워하신다. 나는 속으로, "저 양반 지금 돌아가셔도 마음은 편하실 것 같다"라고 생각했다. 그렇게 보고 싶어 하셨던 둘째 아들이었는데.

눈은 뜨고 있어도

정신을 못 차리신다. 몸은 흔들거리신다. 요즘 그래도 8시간은 말똥하게 계신다. 애들을 하루에도 몇 번씩 찾으신다. 큰아들은 그래도 일요일마다 전화가 오는데, 작은아들은 절대 전화하지 않는다. 보다 못해 내가 전화하라고 하면, 그때야 전화한다. 당신은 그저 "잘 있나?"라는 말만 하신다.

치매에, 파킨슨에, 눈은 황반변성에, 전립선은 지금 요실금 상태다. 대변도 대장암 수술을 했기 때문에 대변을 볼 때마다 나는 변 색깔을 확인한다.

대장암 수술도 했다

지금 말이 났으니 하는 말인데, 그때 용인에 살 때 너무 방귀 냄새가 독해서 대장 내시경 한번 받아보자고 하니 난리가 났었다. 쓸데없이 돈 쓰려 한다고 하시면서 반대하셨다. 나는 작은 며느리에게 도움을 청했다. 작은 며느리는 대장을 잘 보는 곳에 예약하라고 했고, 당신하고 며느리가 병원까지 태워서 가서 검사하니 그날 바로 대장암이라며 수술을 해야 한다고 했다. 자기 병원에는 MRI 기계가 없으니 큰 병원에서 MRI를 찍고 사진을 가져오라고 하셨다.

우리는 그냥 그 큰 병원에서 대장암 수술을 받았다. 그러니 더 힘들다.

요즘은 거의 손과 몸을 안 움직여서 매일 씻겨 드리지만, 양말도 신겨 드려야 하고 옷도 입혀 드려야 하며, 손톱과 발톱도 모두 깎아드려야 한다. 신발을 신겨 휠체어에 앉혀서 골목을 나오면 그래도 좋아하신다. 한 시간 동안 돌아다녔다.

어제도, 오늘도, 그저께도 오후에는 휠체어로 마트도 갔다 오고, 일광욕할 겸 다녔다. 낮에는 영 눈을 못 떠서 정신과 의사에게 얘기했더니 약을 반만 드리라고 하셨다. 식사도 떠먹여야 하고, 걷기운동을 해야 하길래, 우리 집은 골목길 가운데 집이라 내려고 갈 때는 휠체어에 타고 가고, 집에 올 때는 당신이 휠체어를 붙잡고 집에 오시는데, 발자국을 떼는 그것이 매우 힘들어 보인다.

검둥 야옹이

당신이 손뼉을 치시기에 내다보니 검은 야옹이 한 마리와 마주하고 있었다. 이 집에 이사 오니까 매일 검둥 고양이가 지나가길래, 생선을 먹고 남은 것과 뼈를 플라스틱 통에 담아 계단에 올려두면 야옹이가 와서 먹고 간다.

오늘은 당신과 눈을 마주하고 앉아 있었다. 당신은 옛날에 키우던 검둥이 삐삐가 생각이 나선 지, 고양이와 손뼉을 치며 좋아하시길래, 얼른 고등어 조금을 내다 주었더니, 야옹이는 눈 깜짝할 사이에 먹고 가버렸다.

오늘따라

할아버지를 많이 찾고 두 아들도 찾는다. 밤에 잠을 못 이루어 뒤척이길래 내가 먹는 수면제 한 알을 먹였는데도 통 잠을 못 주무신다. 조금은 나아지는 것 같은데, 그래도 왠지 불안하다.

고환이 아프다고 한다. 그것도 밤 9시가 넘어서, 지금은 잠드셨다. 나는 걱정이 되어 잠이 도망갔는데, 밤하늘에 그래도 달이 밝다. 온달은 아니지만, 반달보다는 조금 크다.

장마

며칠 비가 와서 집이 눅눅했는데, 오늘 햇볕에 고추를 말려서 빻았고, 시티 병원에서 약도 받아왔고, 창고를 정리해서 모아둔 상자들을 고물상에 갔다.

고물상에 갔는데, 파지는 60원, 신문지는 100원이라면서 2천4백 원을 받았다. 37킬로가 되는 무게를 무겁게 땀 흘리며 가져갔는데, 너무 돈을 적게 주는 것 같아 좀 억울했다. 그래도 당신이 대문 밖에서 나를 기다려 주니 조금은 좋았다.

이상하게

치료를 시작한 지 한 달 만에 다 끝냈다. 거금 백오십만 원이 들었다. 이 뿌리도 때우고 스케일링도 하고 완전히 치료했는데, 이번에는 잘 관리하실 것 같다.

허리는 아직도 아프단다. 이상한 것은 아들 앞에서는 아픈 내색을 하지 않으시는데, 내 앞에서만 아프단다.

모래는 안과에 들러서 CT도 찍고 병원에도 가야 한다. 저녁을 적게 드시더니, 지금은 초코파이를 드신다.

꼭 확인

냄비 밑받침이 냄비에 붙어있는 줄 모르고, 가스 위에 냄비를 올려놓고 불을 켰다. 순간, 시커먼 연기가 나더니 가스 불을 끄기는 했지만, 부엌은 온통 그을음으로 가득했다.

'확인'이라는 게 생활 속에서 꼭 필요하다는 것을 다시 한번 느꼈다.

아주 힘들다.

오늘도 내 다리가 아파 절룩거리며 걸었다. 하는 수 없이 뇌신 이라는 약을 먹고 나니 조금 수월해졌다. 어제 신경과 원장님이 이것저것 검사하시더니 엠아이알을 찍으라고 하셨다. 찍었는데 머리에 뇌하수체란 게 너무 커서, 빨리 대학 병원에 가보라고 하시며 잘 먹고 푹 쉬라고 하셨다. 그런데 삼 년이 지난 지금도 약을 먹고 있다. 의사 선생님은 죽는 순간까지 갈 수 있다고 하셨다.

점심을 먹으면서 안절부절못하길래, "응가 하느냐?"고 물었더니 아니라고 하며 그냥 점심을 다 먹었다. 나는 화장실로 데리고 가서 기저귀를 벗겨보니, 변을 싸서 밥을 먹으면서 다 뭉개져 있었다. 기가 찰 일이지만, 어쩌겠는가. 벌써 한두 번도 아니고.

가래는 왜 그리 많이 나오는지, 게다가 콧물도 또 많이 흘리신다. 이래저래 두 사람 다 너무 힘들다. 손도 발도 꼼짝도 하지 않으려 하니, 먹고 자고 먹고 자고 해 놓고 해주고 보살펴 준 것은 간데없고, 아무리 치매라지만 해도 해도 너무한다.

정신은 괜찮은 것 같은데, 말로 나를 속상하게 하신다. 오전에 안과 다녀오고, 오후엔 동산 병원 갔다 오고 정신없는 하루였다. 치매 등록하면 금융 거래가 중지된다고 작은아들이 말해주었는데, 그 말에 왠지 모르지만, 가슴이 먹먹했다.

통장 관리를

남편이 관리하셨다. 정년퇴직하시고 오시는 그날로 내가 통장을 드렸다. "당신 연금인데, 당신한테 내가 생활비 타 쓰겠다고." 그런데 요즘 그렇게 사는 주부는 거의 없다. 나도 알지만 퇴직하고 동네 아는 사람도 없고, 돈마저 나한테 탔으면 좀 이상할 것 같아서 내가 타 쓰기로 했다.

한번은 둘째 며느리가 둘째 딸 젖을 떼어야 하는 데 좀 도와 달라고 해서, 내가 손녀를 근 한 달 가까이 보면서 젖을 때였다. 수고했다고 작은 며느리가 대만을 여행 보내주었는데, 여행 마지막 버스에서 가이드가 대나무 젓가락 세트를 보이면서, "만원이니 하나씩 팔아주시면 감사하겠다"라고 말하며 수저 세트를 가지고 버스를 돌아다녔다.

나는 그때 당신한테 돈을 타 쓰는 중이라서 "당신 만 원만 주세요" 했더니, 당신은 만 원 주셔서 수저 세트를 구매했다. 그런데 같이 탄 버스 여행객들이 다 의아해하며 "아직도 돈을 타 쓰냐?"라고 물었다. 나는 당당하게 말했다. "남자들이 직장에서 퇴직하고 돈까지 타 쓰려면 얼마나 힘들겠냐고, 그래서 나는 항상 남편한테 타 쓴다. 필요하다면 살아있는 통장처럼 바로바로 돈이 나온다." 그 말을 들은 많은 남자가 부러워한 적이 있었다.

당신은 통장을 맡겨줘서 고맙다고 했었다. 이제는 그것도 못 하시니, 내가 자연스럽게 관리한다.

요양 보호사

시험 친다고 오후 2시까지 입실하란다. 서부 공고에서 시험을 치는데, 막상 학교에 오니 옛적에 학교 다닐 때 생각나고 기분이 묘했다. 그런데 시험은 잘 본 것 같은데, 긴가민가하는 문제가 몇 개 있었다.

7월 14일 합격자 발표가 났고, 나도 첫 시험에 합격했다. 8월 14일, 요양 보호사 자격증을 손에 넣었다. 너무 기분이 좋았다.

그래도 집에서 보면 48년생이니 72살 때 요양 보호사 자격증을 땄으니 너무 좋았다. 그런데 호적에는 70살이다. 우리 골목에서는 나보고 "할머니 덕분에 할아버지가 사신다"라고 대단하다고들 말했고, 내가 요양 보호사 시험에 합격하고 나니까 동네 아줌마들이 자기들도 요양 보호사 시험 칠 준비를 해야겠다고 했다.

아파트 이사

그 후 두 아들의 도움으로 지금 아파트로 이사를 했는데, 병원이 가까워서 이쪽으로 이사를 온 것이다. 그날은 병원에 8시까지 가서 채혈하고 10시에 결과를 보는 날이었다. 산격동 같으면 한 시간 10분 정도 일찍 예약하면 택시가 왔는데, 이곳에서도 한 시간 10분 여유를 두고 택시 요청을 했지만, 택시가 안 잡혀서 도로에 내려가야 할 것 같았다.

당신을 휠체어에 태우고 내려가는데, 넘어질까 봐 걱정도 되었고, 시간이 얼마 없으니 마음은 바쁘고 날씨는 쌀쌀해서 당신이 추울까 걱정도 되었다.

진짜 오만 가지 생각을 하면서, 큰 도로에서 지나가는 택시를 보고 손을 들었지만, 택시 서너 대가 그냥 지나가 버렸다.

병원이 가까우니 돈도 얼마 안 되고 또 휠체어를 실으려면 힘드니까 택시들이 안 태워 주고 그냥 지나간 것이다. 병원이 가까우면 좋을 줄 알았는데, 이런 애로사항이 있다는 것은 생각도 못 했다. 시간은 8시가 5분밖에 남지 않았는데, 어쩔 수 없어서 동생에게 전화해 지금 이렇게 떨고 있다고 했더니, 동생은 교인들과 산에 오르는 중이었다. 그러자 같이 가시던 교인이 "그럼 우리가 모셔다드리자"라며 산에서 뛰어와서 자기 차를 끌고 와서 우리를 병원에 데려다주셨다.

얼마나 감사했던지, 나는 고마움과 안도에 눈물이 흘렀다. 또 한 번은 병원에서 퇴원해야 하는데, 택시를 타고 입구에서 엘리베이터까지는 당신이 걸어야 하는데 그것을 못 하셔서 우리 두 사람 고생을 많이 했다. 그러고는 입원 갈 때는 119, 퇴원할 때는 구급차를 이용했다. 구급차 기사님은 요금이 7만 원인데 방에까지 안전하게 침대에 눕혀주셔서 가끔 이용했다.

알아보니 거리가 가까우면 차가 잘 오지 않는다고 했다. 그날 처음으로 차 없는 서러움을 당했다.

코로나 걸림

당신도 좀 좋아져서 동네 재가 사무실에 나가서 다른 사람들과 어울리고, 그림도 그리고 마사지도 받으셨는데, 6월 어느 날 열이 나서 응급실에 갔더니 코로나에 걸리셨다고 한다. 나도 간호해야 하니까 검사를 했더니, 나도 코로나라고 하며 빨리 병원 밖으로 나가라고 했다. 응급실에 가면서 큰아들이 한 번 전화했기에 다행히 빨리 온 편이다. 나는 병간호를 못 하니 일주일 동안 다른 간호인을 구해야 했는데, 하루에 24시간 동안 이십만 원을 달란다. 다른 일반 환자는 13만 원인데 코로나 환자라서 그렇다고 한다. 어쩔 수 없는 일이었다. 나도 집에서 일주일간 꼼짝하지 말라고 했다. 그렇게 입원과 퇴원을 자주 하시게 되었다. 열이 나면 무조건 응급실에 갔고, 산소가 너무 낮아도 가고, 혈압이 너무 낮아도 가고, 집에서 산소 가정용 기기를 설치했고, 혈압계와 온도계도 기본으로 갖췄다. 아침에 일어나면 제일 먼저 혈압, 산소, 온도를 체크해서 일지를 적었다. 그러다 조금이라도 이상하면 바로 응급실이었다.

작년 8월에도 산소가 너무 약해져서 응급실에 가서, 중환자실로 보내려고 했을 때 지나가는 의사들이 "중환자실에서 과연 기력을 되찾을 수 있을까?"라는 이야기를 들었다. 의사가 와서 생명 연장 치료를 해도 되냐고 물었을 때, 나는 아들한테 물어보고 답변드리겠다고 했고, 당신 바로 밑에 삼촌한테 전화해서 여쭤봤더니, "형수, 생명 연장은 하지 마세요."라고 하셨다. 나도 그런 생각이 많이 들었고, 큰아들에게 전화해서 "삼촌께서 하지 말라 하시더라"고 말하자 하지 않기로 했다. 의사에게 그렇게 말했더니, 중환자실은 가지 않고 입원해서 치료만 받기로 했다. 그 독한 항생제 치료에도 몸이 따르지 않는 것 같았다. 석션을 하면 목에서 피가 나올 때도 있었다. 만성 폐쇄성으로 치료가 힘들었다.

8월에 퇴원했다가 다시 9월에 또 입원하게 되었다. 이번에는 50일 동안 나 혼자서 병간호했다. 9월이 지나고 10월 30일에 퇴원했을 때, 나는 도저히 집에서 병간호할 자신이 없었다. 콧줄로 식사하고, 가래 뽑는 기계도 사다 놓아서 입원하기 전에는 내가 다 했다. 아침, 점심, 저녁을 챙기며 모욕시키고, 대여섯 번 기저귀를 갈고, 나는 도저히 감당할 수 없을 정도로 지쳐 있었다. 의사들은 "또 집으로 가실 것이냐?"라고 물었고, 이번에는 "선생님 말씀대로 요양 병원에 모시고 가겠다."라고 했다. 집에서 가까운 요양 병원으로 모셨다.

요양병원으로

하루는 요양 병원에서 원장님이 만나자고 연락이 와서 급히 병원에 갔더니, 밤에 당신이 쇼크가 와서 항생제를 달고 다른 약도 쓰고 산소 농도를 높이고 있었다. 원장 선생님이 "환자가 아프면 큰 병원에 데려갈 것이냐?"라고 물으셨다. 나는 "선생님, 지금 환자 상태로 큰 병원에 간다고 해도 일어날 수 있는 것은 아니지 않냐? 지금 여기서 원장님이 하실 수 있는 최선을 다해 치료해 주세요."라고 말했다. 그리고 "환자가 매우 고통스러워 보이면 마약이라도 써서 고통을 덜어주세요."라고 했다. 그렇게 말하니 원장님은 내 등을 두드리며 알았다고 하셨다.

그 시설에서는 일주일에 한 번 면회가 가능해서, 일요일마다 두 아들과 함께 면회할 수 있었다. 요양 병원에 오기 전 20일 전부터는 말을 전혀 하지 않으셨다. 나는 말이 잃을까 봐 두 아들 이름도 불러 보라며, 손녀들 이름도 가르쳐 드리며 했는데, 얼마 전에도 20일 넘게 입원해 있다가 집에 갔을 때, 이번에는 장장 50일 동안 병간호를 혼자서 하다 보니, 이제는 내가 지쳐서 아무것도 못 하겠기에 요양 병원에 모신 것이다.

두 아들은 한 번도 병원에서 병간호하지 않았다. 나는 연휴나 공휴일이 있으면 그래도 둘 중 한 명이라도 와서 단 하루라도 간호해 줄 줄 알았는데, 돌아가실 때까지 한 번도 간호해주지 않았다. 환자 의복도 한 번도 바꾸어 준 적 없고, 집에 있을 때도 정말 어쩌다 집에 와도 기저귀 한 번 안 바꿔주었고, 손톱이나 발톱도 한 번 깎아주지 않았으며, 모욕도 한 번 안 시켜주었다.

당신이 돌아가시기 전 주에 두 아들과 같이 면회하고, 점심을 먹으려고 기다리고 있었는데, 두 아들은 동대구역에서 점심을 먹고 오느라 늦었다고 했다. 나는 매우 섭섭했으며, "둘이 있는데 아버지가 계실 때도 이렇게 하는데, 아버지 안 계시면 내 앞날이 걱정된다"라고 말했다.

요양 병원에 모신 지 20일 만에 돌아가셨다.

평소 그렇게 할아버지만큼 살고 싶다고 노래를 부르시더니, 정말로 할아버지의 연세만큼 사시고, 할아버지 제삿날 새벽에 조용히 숨을 거두셨다.

제 생각에는 할아버지께서 먼 길에서 돌아보시다가 당신을 발견하고는 다정하게 말씀하셨을 것 같다.

"아가, 인제 그만 가자."

그리고 할아버지께서 손을 잡고 조용히 데려가신 것이 아닐까 싶다.

내 남편은

손이 있는데도 전혀 움직이지 않는다. 발이 있어도 걷지 못하신다. 음식은 먹여 드려야 하고, 그냥 누워만 계시니까. 저녁을 드리고 약도 드리고, 이제 방에 가서 자야 하니까. 당신의 한쪽 팔은 내 어깨에 올리고, 한쪽 손으로 지팡이를 잡고 억지로 일으킨다. 내 한 손은 당신 바지 뒤에 잡고, 또 내 한 손은 목에 얹은 당신 손을 잡고. 하나둘, 하나둘 하며 화장실로 데려가 변기에 앉힌다. 대변을 볼 때까지 기다려서 용변이 끝나면, 양치하고 목욕하고 침대에 눕혀 기저귀를 바꾸고 옷을 입혀 드린다. 그러면 내 몸은 완전히 땀에 범벅이 된다. 그렇게 하고 나면 다시 손을 묶는다. 혹시 잠결에 산소 줄을 뽑을까 봐 묶을 때마다 느끼는 것이지만, 마음이 매우 아프다. 그렇지만 어쩔 수 없다. 주무시는 모습을 보면서 숨소리는 고른지, 열은 없는지 체온계로 한 번 더 확인하고 나도 자리에 누워 본다. 그러면서도 내가 혹시 소홀한 것은 없는지, 다시 곰곰이 생각해 본다.

하루가 어떻게 갔는지 모르겠다.

침대에서 꼼짝도 하지 않고 누워만 있으니, 아침에 온몸을 닦는 것도 힘들고, 기저귀 바꾸는 것도 힘들다. 그것보다 내 다리가 아파서 제대로 걸을 수가 없어 매우 힘들지만, 낮에는 그런대로 지나가지만, 밤에는 신경이 더 많이 곤두선다. 제대로 누워서 편한 잠을 자 본 지 언제인지 모르겠다. 기침을 하면 가래를 뽑아내 주어야 하고, 조용하면 숨이 멈춘 건 아닌지 자는 사람을 깨워보기도 한다. 얼마나 많은 나날을 가슴을 조였는지, 얼마나 많은 나날에 발 동동 굴렀는지, 밤하늘에 뜨는 초승달을 보며, 당신의 건강을 지켜달라고 빌었고, 보름달이면 그래도 감사하다고 빌었고, 선망 조상, 후망 부모님 전에도, 돌봐 달라고 많이 빌었다. 지나온 날보다 앞으로 남은 날은, 얼마나 되는지 아무도 모른다. 누가 먼저 갈지는 그것도 아무도 모른다. 마지막 그날까지 후회 안 되게 최선을 다할 것이다.

미운 정도 정이라 했나!

나는 남편이 마음에 안 들었다. 도무지 나로서는 이해가 안 가서 차라리 헤어지자는 말도 많이 하면서 살았던 것 같다. 그런데 막상 몸이 불편하니까, 왜 그런지 모르지만, 전보다 더 많이 챙기게 되고, 신경을 많이 쓰게 된다. 이번에 느꼈는데, 미운 정도 정이라는 걸 알았다. 힘없이 축 늘어져서 숨소리만 가쁘고, 열은 올라가고, 이러다 중환자실에 가는 건 아닐까? 겁이 났다.

당신 손 꼭 잡고

"부처님, 부처님, 나의 앞으로 삶이 얼마나 남았는지 모릅니다."

내 남은 내 삶을 반으로 나누어, 그 반을 이 양반한테 주셔서, 빨리 집에 가게 해달라고 빌었다. 덕분에 열사흘 만에 퇴원했고, 이사도 잘 마칠 수 있었다.

지금은 그런대로 잘 지내신다. 그래도 잠시라도 혼자 둘 수는 없다. 왜냐하면 산소를 콧줄로 꼽아있는데 그것을 빼면 안 되니까.

오늘도 어김없이 어둠이 내려오고, 창밖에 도로에는 상주 쪽으로 가는 차와, 시내로 들어오는 차들이 도로를 메웠다. 상주로 가는 차들은 궁둥이에 빨간 불 두 개 켜고 줄지어 섰다. 집으로 간다고 저렇게 가겠지.

나는 12층 1인실에서 밖을 내다보며, 어둠이 사리 맞으며 생각했다. 다들 해졌다고 집으로 가는데, 우리는 언제 집에 가려나. 집에 가도 걱정이다. 이곳에 또 언제 올까 봐.

밤마다 전쟁. 어제, 밤도 분명히 손을 묶어놓았는데, 콧줄로 식사하시는데 꼽아놓은 걸 뽑다가 나한테 딱 걸렸다. 그러나 이미 늦었다. 삼 분의 일이 정도 뽑혔기 때문에 다시 해야 한단다. 담당 의사가 제발, 제발 빼지 말라고 당부하고 당부를 하고 가셨다.

새벽부터, 아니 어젯밤 당신 산소가 부족하다고 벨이 울려서 간호사들이 가래를 뺀다고 고생을 하셨다. 밤 열두 시에 나는 기저귀 갈아드리고, 다리도 좀 주물러 드리고, 젖은 수건으로 이마 얼굴 닦고, 머리 위에 젖은 수건 올려놓고, 가슴도 토닥토닥 해드렸다. 시계가 네 시를 지나고 있었다.

아무튼, 가슴 졸였다.

당신 나 보이나!

지금은 고개를 숙여야 보일 만큼 달이 이만큼 높이 떴네요. 내가 당신을 낳게 되게 해달라고 얼마나 얼마나 빌었는지, 음력 구월 보름달이 오롯이 나 혼자만 볼 수 있게, 병실 창밖에서 나를 비춰 주더니. 그것이 달님의 마지막 인사인 줄은 미처 몰랐습니다.

이제 당신이 하늘나라에서 저 달빛처럼 나를 보고 계시는가요? 당신이 너무 보고 싶어서, 나는 지금 저 달을 보며 눈가에는 촉촉이 젖은 나를 당신이 나를 보고 있나요?

지금 내 눈에 맺혀있는 이 물방울은 눈물인가, 이슬인가. 지난날에 당신 모습에 젖어있습니다.

휠체어에 앉아 있는 모습이, 내 눈앞에 계시는 것만 같아요. 당신이 주삿바늘 찌를 때마다, "아야" 하시던 목소리가 귓가에 맴돕니다. 나 지금 눈물이 나서 목이 멥니다. 당신, 매우 힘들었지요.

언제나 눈뜨면

내 옆에 누워 계시던 당신, 잘 잤나 하시던 당신, 그런데 지금은 왜 옆에 없으신지요. 내가 당신한테 마지막 인사를 하고 보내드렸는데도, 이제 영영 볼 수 없는데, 알면서도 오늘 아침에도, 더듬더듬 당신을 찾고 있네요. 내 손이.

당신아, 그렇게도

내 자식, 내 자식 하시더니 눈을 감을 때는 그 자식 손 한 번 못 잡아보고 가셨네요. 그렇게도 그 아들을 생각하고, 당신으로서는 최선을 다한 아버지인데, 그 자식이 과연 얼마나 당신을 생각했는지 의심스럽네요. 우리가 큰애 집에 들어서는 순간부터, 오죽하면 그 어린 것이 보기에 얼굴 색깔이 다르다고 했을까. 대장암 수술받고 퇴원하는 날, 집에 가니 밥도 국도 없어서 냉장고를 열어보니 깨끗하게 먹을 게 하나도 없어서 병원에 병간호하면서, 나 먹으라고 동생이 해온 밥 안 버리고 가져온 거 그것 삶아서 먹고,

그 일이 너무 생생하게 기억납니다.

지금 자기들이 살고 있으니 문 열어주기 전에 집에 들어오지 말라 해서 놀이터에서 기다렸다가 같이 들어왔죠. 수면제 먹었다는 걸 당신은 알고 있으면서도 그냥 바라만 보고 있었죠. 동생이 올라와서 병원 데리고 가서 위세척하고 장세척하고 살았어요. 이제 가고 안 계시는데, 하소연하면 무슨 소용이 있겠냐마는, 당신 정말 나 많이 정신적으로 육체적으로 힘들었다는 것을 알아주면 좋겠네요.

병원에서 퇴원하기 일주일 전쯤, "뭐야?" 하시며 부르기에 깜짝 놀라서 침대 곁에 갔더니 "당신 지금 내 앞에서 죽으면 안 되겠나?" 그 말이 당신이 세상에서 마지막 말이었다는 거 기억하세요? 사람의 집착인지 집념인지는 알 수 없지만 무서운 거라는 걸 알았네요.

당신 잘 가세요. 하늘나라에서는 아프지도 말고, 젊은 시절 같이 못 보낸 것, 지금부터라도 두 분 손잡고 하늘나라에서 좋은 구경하면서 잘 지내세요.

국화꽃 속에 묻혀

웃고 있는 사람아, 당신의 모습은 미소 짓지만, 나는 가슴으로 통곡한다오. 영영 이별하는 이 순간이건만, 그래도 당신의 모습은 미소 짓고 있네요. 마음속으로 불러 봅니다. "당신, 당신아."

눈물인가 그리움인가. 입에서 말은 안 나오고, 가슴은 먹먹하게 울고 있는데, 목 안 가득히 그 무엇이 온 가슴을 떨게 하네. 살아서 옆에 있을 때, 그게 사랑이란 걸 왜 몰랐을까.

옆에 없는데 불러도 불러도, 안 들리는지 대답이 없는데, 그래도 보고파서 촉촉이 젖은, 두 눈으로 당신을 그려 봅니다.

3
서울살이 한 달

눈물에 김밥

오늘은 일월 십사일이다. 그러니까 올해 일월에 정확히 말해서 일월 구 일, 나는 서울로 왔다. 전날 당신 사십구재도 끝났고, 일월 구 일 아침 아홉 시면 엘리베이터가 멈춘다. 엘리베이터 교체 공사에 들어가기 때문에 한 달이 소요된다고 알림이 붙어있다. 다니려면 옆 엘리베이터를 이용해야 하는데, 나는 다리도 아픈데 당신을 보낸 마음도 매우 아파서 어디 다른 곳에 좀 가고 싶었는데 마땅히 갈 곳이 없어서 서울 조카 딸 보고 제주도에 조카사위 친구분 계시는 곳에 좀 가 있으면 안 되느냐고 물어봐 달라고 했는데, 조카가 호텔 한달살이를 예약해 주었다. 그래서 대충 옷 몇 가지만 챙겨서 서울 와서 호텔에 있게 되었다.

첫날 조카랑 만나서 방에 들어갔는데 짐을 내려놓고 이런 거 저런 거 설명을 해주고, 조카는 사무실에 가봐야 한다며 갔다. 나는 옷을 대충 정리하고 가만히 둘러보니 냉장고, 전자레인지, 텔레비전, 커피포트, 샤워실, 화장실, 침대, 탁자 등이 있었다. 시간이 오후 세 시가 넘어서 뭐를 먹기는 해야겠는데 마땅한 게 없다. 호텔 안내문을 보니 지금 시간에는 어떻게 먹어야 할지 몰라서, 호텔 밖으로 나와 주변을 살펴보니 용산역 건물 안에 별거 다 있었다. 그런데 먹는 것이 좀 까탈스러운 나는 이건 이래서 안 되고 저건 비싸서 안 되고 할 수 없이 이마트에 들려서 햅쌀밥 10개짜리 한 상자랑 김치 조금 사 왔다. 아침에도 일찍 나서느라고 온종일 먹은 거라고는 단팥빵 하나에 음료수 한 병뿐이었다.

점심때 조카 만났을 때 점심 먹자 했는데, 아까 열차 안에서 빵 먹어서 안 먹어도 된다면서 점심도 안 먹었다. 사 온 햅쌀밥을 데워 먹으려 하니 수저가 없어서 못 먹고 그냥 자려고 자리에 누웠더니 등이 차가워서 신경질이 났다. 집에서는 침대에 전기가 들어와 따끈따끈하게 자는데 호텔이라는 데가 이렇게 추운 줄 몰랐다. 제대로 밥을 안 먹고 온종일을 보냈는데 이불 속마저 차가우니 몸이 떨리고, 다리에 쥐가 나고 이러다 사는 게 아니고 여기서 죽을 수도 있겠다 싶어 대충 옷 다시 입고 밑에 있는 편의점에 들어가 둘러보니 당신 병원에 입원해 있을 때 그 편의점과 똑같은 편의점이었다. 얼마나 마지못해서 먹었든 김밥이며 컵라면이며 보기 싫지만 지금 안 먹으면 안 되니까 할 수 없이 김밥 한 줄 사 와서 전자레인지에 데워서 포장지를 뜯고 보니 옆구리가 다 터졌다. 물 한 컵과 옆구리 터진 김밥 한 조각씩 먹으니 당신 간호할 때가 생각나서, 목도 메고 눈물도 핑 돌고 정말 눈물의 김밥을 먹고 있는데 둘째 동생이 전화가 왔길래 자초지종을 이야기 했더니, "언니야 내일 당장 내려와서 우리 집에서 지내라"라며 난리가 났다. 막 전화를 끝내고 나니 막내 동서가 전화가 왔다. 막내 동서는 장례 끝나는 날부터 매일 전화해 주면서 나를 위로하고, "찬미 예수님, 사랑합니다. 행복하세요." 그렇게 시작해서 끝인사도 똑같이 한다. 동서한테 내 현 상황을 다 얘기하고 전화 끊고 옆구리 터진 김밥을 눈물로 얼룩지어 가며 그래도 살아야겠기에, 다 먹고 옷도 더 입고 양말도 신고. 그러는데 둘째 동생이 "언니야, 커피포트에 물을 팔팔 끓여서 비닐 팩에 넣어서 꼭 묶어서 수건으로 싸서 가슴에 안고 자면 덜 추울 테니 그렇게 하라"고 했다. 나는 시키는 대로 물을 끓여 비닐봉지에 넣어서 두 겹으로 해서 하나는 등, 하나는 가슴 쪽에 안고 잤다. 하루가 너무 힘들었는지 잠에서 깨우 보니 어제 등에 두었든 봉지에서 물이 새 나와 침대가 젖었다. 어떻게 해야 할지를 몰라서 우왕좌왕하는데 막내 동서가 전화가 왔다. 동서가 삼촌한테 내 얘기를 하면서 "형님, 어떻게 우리 집에 오시라 할까?" 했더니 삼촌께서 "당신 건강이나 신경 쓰라, 지금 누구 걱정할 때 가?" 동서도 이때까지 몸 아파서 고생했는데 이제 안 아픈지, 며칠 되느냐며 역정을 내시면서, "아지매는 경상도에서는 형수를 아지매라고 부른다." 조카 딸이 방석을 깔아주었는데 왜 못 즐기시고 그렇게 청승을 떨고 있느냐며 "외국에 한 달 여행이라 생각하고, 외국에서 한 달 살려면 천만 원도 넘는데, 밥값 아까워하지 말고 평생에 처음으로 받은 선물인데 즐기시라." 하시면서 성당 가려고 머리빗질하면서 전화했단다. 전화를 끊고 가만히 생각해 보니 사업하시는 분이라 생각하시는 것도 남다르다는 것을 느꼈고 삼촌 하시는 말씀이 맞는 말 같았다. 그 전화 안 받았으면 아침에 짐 챙겨 내려갈 생각 했는데 마음을 바꾸기로 하고 다시 나 스스로가 나를 돌아보게 되었다.

첫째 동생과 만남

집에 가면 엘리베이터 공사로 불편하고 시골에 가서 좀 살아야겠다고 생각했는데, 지금 나는 외국에 있으니 어떻게 하든 여기서 한 달을 살아보자고 결심했다. 그렇게 생각하고 아침 식사는 어제 사 온 밥으로 해결했다. 그때 첫째 동생이 오후에 병원에 온다고 연락이 왔다.

동생은 어릴 적부터 몸이 약해서 정말 세 살 때가 지나도록 키가 자라지 않았고, 맨날 엄마 등에 업혀 살았다. 반야월 큰아버지께서 강에 낚시 가셨다가 자라를 잡아 오시면 그 피를 동생에게 먹이시곤 하셨다. 그래도 아직도 우리 자매 중에서는 키가 제일 작고 몸집도 약하다. 몇 년 전에는 뇌 수술도 받았고, 그래서 몸이 더 약해졌다. 보기만 해도 안쓰러운 동생이다.

동생은 슬하에 두 딸과 아들 하나를 두었다. 제부는 아들을 낳았을 때 얼마나 기뻐하시던지 병원 간호사들한테 음료수 하나씩 돌릴 만큼 기뻐하셨다. 처음 결혼 당시 큰형님께서 장만해 주신 집에서 잘 살았지만, 제부가 직장을 다니지 않고 부동산 일을 시작했을 때, 사람 말을 믿고 두 내외가 집 장사에 뛰어들었다. 처음에는 조금 재미를 봤지만, 욕심이 커져서 점점 더 많은 집을 사려고 했고, 결국에는 사는 집조차 잃어버리고 빚더미에 앉아 셋방살이하게 되었다.

큰조카는 유치원에 다니고, 동생이 데리고 있었고, 작은딸과 어린 아들은 내가 데리고 있었다. 제부는 닥치는 대로 일을 하셨다. 세차장에서 건축 인부까지 정말 열심히 가족을 위해 헌신적으로 사셨다. 동생은 몸이 약하고 어디 나가서 일할 처지가 되지 않았다. 큰딸은 고등학교를 졸업한 후 곧바로 직장에 다니며 성실히 노력했다. 일과 학업을 병행하며 야간대학 경영학과를 졸업했고, 끊임없는 노력 끝에 마침내 지점장 자리까지 오르게 되었다. 그러나 많은 시샘과 과중한 업무에 지치면서, 나는 "저러다 애 잡겠다." 싶어서 명예퇴직을 권했다. 지금은 부동산 공부를 하고 있는데, [공인중개사 시험에 합격했다는 반가운 소식도 들렸다.] 조카보다 조카사위가 그렇게 잘한다. 남편으로서 아내인 조카에게 말할 수 없이 자상한 남편이고, 처가에는 처제나 처남을 자기 동기처럼 잘 돌보아 준다. 금전으로는 아니지만, 마음 씀씀이가 매우 좋다.

작은딸은 간호사인데, 결혼해서 두 딸과 아들 하나를 두었다. 이번에 큰딸은 재수해서 내년에 미대에 가겠다고 제수하고, 작은 조카사위는 기독교 가족으로, 일요일마다 부모님을 모시고 아내와 아이들과 함께 교회에 가는 모습을 보면 참 행복해 보였다. 동생네는 불교지만, 좋아하고 사랑하는 사람이니까 시집가면 시댁에서 하는 대로 따라야 한다고 했다. 그래서 지금은 교인으로 부끄럽지 않게 잘살고 있다. 작은 조카사위는 효심이 깊어, 요즘 젊은 사람 같지 않고, 구십을 갓 넘기신 두 부모님 생각에 항상 애쓴다.

동생 아들은 아직 결혼하지 않았고, 골프용품 판매장에서 일한다고 하는데, 나는 아직 가보지 않았다. 그런데 동생이 그 몸으로 언니인 나에게 비타민C 큰 통을 사 왔고, 여름에 쓰고 다니라고 여름 양산도 챙겨왔다. 밤에 잘 때 추웠다고 하니, 나가자며 둘이 이마트에 가서 점심도 먹고, 담요랑 외투, 모자, 옷도 사주고 용돈도 주었다. 저녁을 먹고 동생은 신용산역에서 4호선을 타고 집으로 가는데, 계단을 내려가는 뒷모습이 너무 안쓰러워 보였다.

잠자리에 누워 곰곰이 생각해 보니, 나는 해줄 수 있는 게 아무것도 없었다. 돈으로도 나보다 많이 가졌고, 아들 하나, 딸 둘이 결혼해서 잘살고 있다. 거기다 남편까지 있으니, 마음으로 또 해줄 수 있는 게 없나 생각하니, 따끈한 국을 한 그릇 끓여주어야겠다는 생각이 들었다. 다음날 이마트에 가서 한우 양지, 숙주, 무, 대파, 표고버섯, 밀감 등을 사고, 여행용 가방에 담아 지하철을 타고 동생네 집을 찾아갔다. 제부가 마중을 나와주었고, 집에 들어가니 해피라는 강아지가 처음에는 조금 짖다가, 이내 안아달라고 매달리며 꼬리를 흔들었다.

삐삐 검둥이

전에 내가 키우던 삐삐랑 검둥이가 생각났다. 우리는 대구에서 살면서 강아지를 키웠다. 결혼 후 작은아들이 개를 키우고 있었고, 재수하면서 집에 데려와서 함께 키우게 되었다. 아들과 밖에 나가다가 교통사고로 강아지를 잃었고, 친구에게 얻은 강아지에게는 '꾸꾸'라는 이름을 지어주었는데, 너무 짖어서 정말 스트레스를 너무 많이 받았다. 그러다 갑자기 꾸꾸가 떠나갔다. 그 후, 치와와계통의 강아지를 동생이 주었고, 나는 그 강아지에게 '삐삐'라는 이름을 지어주었는데, 정말 귀여움과 사랑을 한 몸에 받았다.

강아지를 처음 키우는 나는 개들의 특성을 잘 몰라 당황스러울 때도 많았다. 그런데 어느 날, 빨래를 널려고 옥상에 올라갔더니, 웬 검정 강아지가 한 마리 있었다. 그렇게 밤새도록 울던 놈이 내 집 옥상에 있을 줄은 상상도 못 했는데, 누군가 옥상에 데려다 놓고 흰 쌀밥도 조금 두고 갔더라. 나는 그 불쌍한 강아지를 보면서, 주인은 나타나지 않았고, 그 강아지를 따뜻한 물에 씻겨줬다. 옥상에서 얼마나 굴렀는지 검은 물이 끝없이 나왔다. 그렇게 그 강아지를 기르게 되었고, 이름은 '검둥이'라고 지었다. 서울로 이사하면서 삐삐와 검둥이를 데려와서 남의 눈치를 많이 보며 함께 살았다.

그러다가 작은 며느리가 첫 아이를 낳고 나서, 아기에게 개털이 안 좋다며 두 마리를 대구 논공에 있는 고모 집에 데려다 놓았다. 그 후, 검둥이는 우리를 찾는다고 집을 나갔고, 잃어버렸다. 삐삐는 한 달 이십일 만에 찾아 데려왔지만 얼마 안 있어 저세상으로 갔다. 나는 강아지를 키울 때는 몰랐지만, 삐삐가 죽고 나니 완전히 반 미친 여자가 되어버렸다. 그 후로 절대 반려견을 키우지 않기로 했다.

두 반려견을 잃은 나는 제정신이 아니었다. 하루는 가까운 암자에 들러 삐삐와 검둥이를 위해 축원을 부탁했지만, 스님은 안 해주셨다. 며칠 뒤, 4월 초파일 날, 삐삐와 검둥이 이름으로 등을 달았다. 암자에 온 사람들이 강아지 등을 달았다고 나를 이상하게 쳐다봤다. 그리고 삐삐가 죽은 지 1년이 된 날, 나는 오징어 다리 두 개와 우유 한 통을 사서 두 반려견과 함께 산책하던 곳에 가서 우유를 부어주고 오징어 다리도 주면서 "하늘나라에서 잘 지내라"라고 말했다. 그때 지나가던 모르는 아주머니가 나에게, "짐승에게 그러지 말라"고 하면서 어떤 정신 없는 여자는 강아지 등도 달아준 사람이 있다고 하였다. 그 말을 듣고 보니, 내가 바로 그 정신 없는 여자였다. 세상은 참 넓고도 좁다는 생각이 들었다.

그 자리에서 그 사람이 나임을 밝히진 않았다. 사람들은 말을 하지만, 말 못 하는 반려견들은 아픔을 겪고, 먼 나라로 떠나는 것도 보았기에, 나는 지금 혼자보다 반려견 한 마리를 키우라 하지만, 그 생명을 책임질 용기가 나지 않아서 키우지 않는다. 나는 반려견을 키우는 사람들이 처음부터 끝까지 책임질 수 없으면 기르지 말아야 한다고 생각한다. 여름 휴가철에 특히 유기견이 많다는 사실을 알기에, 나는 해피를 잠깐 안아 준 후, 고기와 채소를 손질하여 육개장을 끓였다. 제부도 좋아하시지만, 아무런 말 없이 가서 국을 끓였더니 동생이 정말 고마워했다. 제부와 동생이 맛있게 잘 먹는 모습을 보니 마음이 흐뭇했고, 잘했다는 생각에 나도 기분이 좋았다. 돌아오기 전에 용돈을 제부 손에 살짝 잡아주었다.

숙소로 돌아오니 동생이 고맙다고 전화가 왔다. 나도 행복했다. 해줄 수 있어서 좋았고, 두 사람 모두 잘 먹어 주어 고마웠다. 다음 날 아침, 호텔에서 아침을 먹었다. 건물은 같지만, 호텔은 두 개였다. 옆 호텔에서 아침 식사할 수 있는 표를 두 장 주었는데 한 개는 안 쓰고, 하나만 갖고 갔다. 외국 사람들이 많았고 내국인도 많았다. 나는 계량 한복에 반두루마기를 입고 2층으로 올라갔는데, 여기서는 안내를 받아야 자리에 앉을 수 있었다. 두루마기를 벗어서 옆자리에 놓고 식사를 챙기러 갔는데, 사람들이 많았다. 품격 있게 식사를 마친 후 숙소로 돌아오니, 어제 다섯째가 자기 가게로 오라고 한 말이 생각나 성수동에 갔다. 동생은 아침 겸 점심이라고 했지만, 나는 이미 점심을 먹은 상태였다. 식사를 마친 후, 동생이 나보고 쓰라며 신용 카드 한 장을 주었다. "호텔비는 조카사위가 해주었으니, 밥값은 자기 카드로 계산하라"라고 했다. 사고 싶은 거 있으면 사고, 먹고 싶은 거 있으면 사라고 하길래, 사양했지만, 동생이 막무가내로 주는 바람에 카드를 받아 넣었다. 점심 장사를 준비하던 동생은 한 시간 정도 후에 점심 장사가 끝나고, 조카가 나를 미용실에 데려가 파마를 해주었다. 우리 이모할머니처럼 뽀글뽀글하게 하지 말고, 세련되게 해 달라고 했다. 파마 계산은 동생 카드로 했다.

조카가 엄마랑 사는 아파트에 가자고 택시를 타고 갔다. 집에 들러보니 전신 마사지기가 많았다. 허리와 다리가 아프니 자연스레 그런 마사지기가 많을 수밖에 없었다. 장사하면서 면목동에 스물여섯 평 되는 아파트를 장만했으니, 물론 융자도 있었다. 다시 가게에 가서, 조카가 해주는 샌드위치도 먹고, 동생에게 카드를 돌려주었다. 마음만으로도 흡족하다고 느끼면서 숙소로 돌아오는 길, 내 마음도 가벼워졌다.

둘째 동생

아버지와 세 어머니가 계셨지만 나는 동생 결혼식에 오시라고 하지 않았다. 두 분을 오시게 하려면 차비도 드려야 하고 옷도 해드려야 하는데, 내 형편이 안 되니 그때는 어쩔 수 없는 선택이었지만, 그래서 동생에게는 사는 동안 미안함이 있는 것도 사실이다.

동생은 결혼할 때 서울 첫째네에서 아이들 봐주며 서울에서 살았는데, 제부 될 사람이 둘째 아들이라 내 마음에 들었고, 첫째 같으면 부모님을 모셔야 하니까 직장은 부산에서 다니고, 시골에서 농사지은 것을 갖다 먹는다며 중매하는 분의 말을 들으니 정말 좋은 자리 같아 보였다. 그 집에 동생이 가면 그래도 시어머니는 안 모시고 살아도 되고, 직장이 부산이니 도시 생활도 할 수 있고 동생을 그 집에 시집 보내야겠다고 생각했다. 그런데 막상 동생이 만나보니, 나이가 많고 키도 작고 마음에 안 든다고 하길래 그때는 내 말이 동생들에게는 법이었으므로 결국 결혼했다.

신혼이라고 한 7개월 동안 부산 직장 생활을 하던 제부는 퇴근만 하면 집에 와서 저녁을 먹으며 시골 어머니 걱정을 했다. 비가 와도 걱정, 바람 불어도 걱정, 비가 안 오면 비 안 와서 걱정, 논에 물은 들어가는지, 어머니 혼자 저녁은 드셨는지, 동생이 듣다 듣다 결국 시골로 가자고 결심해 시골에 들어와 시어머니를 모시고 살게 되었다. 농사일은 호미도 한 번 안 잡아본 동생에게 얼마나 어려운 일이었는지, 그래도 참고 잘 살았다. 딸 둘을 낳은 후, 친정에 아들 하나 낳으려 하다가 딸 일곱을 생각하며 결국 둘만 낳았다고 한다.

둘째 동생의 큰딸은 현재 금융 쪽에서 일하며 결혼도 했고, 조카사위는 그야말로 순둥이다. 얼굴에는 항상 미소가 가득하고, 몸놀림도 가벼워서 시키기 전에 알아서 다 한다. 아들 하나, 딸 하나 낳았고 작은딸은 컴퓨터 박사이다. 나는 안 되는 일이 있으면 작은딸에게 전화해서 해결한다. 작은딸도 결혼해 아들 하나, 딸 하나를 두었고, 둘째 사위는 가수다. 체격이 엄청나서 보기만 해도 든든하다. 체격에 비해 정이 참 많은 사람이다. 두 조카 애들은 친정엄마에게 키워졌지만, 제부도 열심히 신경 써서 돌봐주었고, 지금도 조카들이 직장 생활을 잘하고 있다. 가끔 집에 오면 내 컴퓨터 점검을 받는 날이다.

어느 해, 시골에 와서 첫해 농사를 마무리할 때인데, 저녁 어두운 무리 속에서 경운기가 오는데 보니, 제부와 동생이 1년 동안 농사지은 것을 고루 담아 배추, 무, 고춧가루까지 쌀 한 가마니와 찹쌀, 콩, 팥 등을 경운기에 가득 싣고 내 생일을 맞아 찰밥을 해 먹으라고 사부인께서 보내주었다. 그 모습을 나는 어떻게 잊을 수 있을까. 그러던 어느 해, 제부가 쓰러져 동생이 닦아 보니 눈동자가 이상해, 택시를 불러 우리 동네 병원으로 오고, 응급차로 마산 큰 병원으로 갔으며, 거기서도 다시 부산 백병원으로 가서 수술받았다. 나는 그다음 날 연락을 받고, 보증인이 필요하다고 하여 작은 집이지만 서류를 챙겨 들고 병원에 갔다. 병원에 도착하니 제부가 누워있었고, 그 모습을 보고 참 많이 울었던 기억이 난다.

제부는 수술 후, 머리 한쪽이 너무 상해서 조심조심 살았고, 1년 후에는 가짜 박을 만들어 이제 양쪽 다 사용할 수 있게 되었다. 그 큰 수술을 두 번이나 받은 제부는 병원에 있었고, 시골에서는 시어머니가 눈이 아파 마산 병원에 입원했는데, 동생은 혼자 힘들어하며 나에게 "언니야, 거기 아니면 나 시집 보낼 때가 그리도 없더냐고?" 하며 울었다. 나는 아무 말도 할 수 없었고, 돌아서서 울었다. 동생은 병원에서 가져온 옷 보따리를 들고 시골 집으로 가는 버스를 타고 갔다. 그렇게 힘든 시간을 보낸 후, 지금은 동생과 제부가 이사하여서 두 딸을 대학에 보내고, 제부는 직장 생활을 다시 시작했다. 동생도 자식들에게 가난을 물려주지 않기 위해 열심히 살고 있다.

나는 동생에게 평생 미안함을 느끼고 있다. 하나는 결혼식 때 아버지를 못 모시고 결혼식을 했던 것과 또 하나는 둘째 딸을 낳을 때 우리 동네 산부인과에 와서, 회사에 전화했다며, 퇴근 때 알려주었다. 병원에 가보니 이미 아기가 태어난 상태였다. 그때, 얼마나 기다렸을까 혼자 산통을 겪으며 얼마나 힘들었을까, 생각할수록 마음이 아프다. 그때 동생을 집으로 데려와 미역국이라도 끓여주었더라면 이렇게까지 미안하지는 않았을 텐데, 동생은 시댁으로 간다고 해서 데려다주고 온 것이 아직도 후회된다.

그 동생이 내 옆에서 며칠이라도 같이 있어 주려고 내일 온다고 한다. 그 말을 듣고 마음이 찡하다. 다음 날 아침, 식사를 마친 후 서울역에서 둘째 동생을 만나고, 다섯째 동생도 오늘 쉬는 날이라 서울역에서 셋이 만나, 호텔에 와서 방으로 들어갔다. 둘째 동생은 옷을 정리하고, 다섯째 동생은 조카에게 나온다는 이야기를 들었다고 하며 한과를 주문해 한 상자를 들고 왔다. 첫째 동생은 가방에 옥수수를 삶아서 넣어 주었는데, 냄새가 이상해서 버렸다. 그런 일들이 있었지만, 우리는 다 함께 택시를 타고 롯데월드에 갔다.

날씨가 안 도와줬지만, 현대 젊은 세대의 말처럼 곰탕 국물이 흐리멍덩했다. 아무리 사진을 찍어도 내 마음에 드는 사진은 별로 없었고, 비와 싸락눈이 와서 120층에서만 경치를 볼 수 있었다. 아쿠아 룸도 구경하고, 한마디로 대단한 경험이었다. 더 많은 곳을 구경할 수 있었지만, 나는 다리가 아파서 빨리 내려올 수밖에 없었다. 4층에서 늦은 점심을 먹고, 월드를 나와 다섯째 가게로 가서 소고기 파티를 하려 했으나, 이미 배가 불러 생략하고, 동생들은 맥주를 마셨다. 나는 콜라를 마셨고, 짠해지려는 순간, 막냇동생네 식구들이 왔다.

그날 저녁, 맛집에서 저녁을 먹고, 우리는 다섯째 집으로 갔다. 아파트가 내 집만큼 크고 잘 정돈되어 있었다. 말은 하지 않았지만, 가슴이 먹먹했다. 조카사위가 우리와 같이 움직였고, 내일 출근해야 해서 오래 머물 수 없었다. 다섯째가 마차와 김치를 챙겨주었고, 조카는 홍삼 스틱과 전기 매트를 사서 주고 갔다. 순식간에 홍삼, 마차, 찰떡, 젤리, 과자, 밀감, 한과가 차려졌다.

몇 날 며칠 정신없이 보냈지만, 내 몸은 많이 피로가 쌓였다. 동생이 온 이틀째, 나는 아침을 먹어야 한다는 생각에 31층에서 아침을 먹고, 식후에는 피곤해 그냥 누워있었다.

견학

동생은 뭐 그리할 게 있는지 잠시도 안 있고 바지락 거리다. 점심은 어제 가져온 누룽지 삶아서 먹었다. 라면 한 개 정도 끓여 먹을 수 있는 작은 전기냄비 같은 걸 하나 들고 왔다. 제부랑 자주 해외여행을 하다 보니 그것이 필요하더란다. 누룽지에 김치하고 점심을 먹고 용산공원을 가자고 해서 나갔는데, 택시가 들어가니 초소에서 근무하시는 분이 나와서 못 가게 하시기에, 시골에서 구경 좀 하려고 한다고 말하니까, 이쪽은 국방부고 대통령 직무실이 있어서 못 하고, 저쪽으로 가라 하면서 저쪽에는 전쟁기념관이 관람이 되니 그쪽으로 가라 했다.

택시에서 내려 기념관 입구에서 근무하시는 분과 사진 한껏 찍고, 안으로 들어가 탱크와 비행기들을 보면서 형은 아군, 동생은 적군으로 만나는 동상을 보면서 그 순간 얼마나 울었을까. 얼마나 보고 싶고 애타는 마음들이 두 형제가 만났을 당시 그 순간을 생각해 보니 저절로 눈물이 핑 돌았다. 우리의 역사고, 잊을 수도 없고 지울 수도 없는 우리의 전쟁이다. 이제 더는 그때 그 고통을 후손들이 겪게 하고 싶지도 않고, 나와 우리는 전쟁에서 목숨 바쳐 이 나라를 지켜 낸 많은 용사들에게 부끄럽지 않은 사람이 되어야 할 것이다. 나는 이렇게 생각했다.

이때까지 내가 살아온 내 나라요. 앞으로 마지막 숨이 멈추는 그 날까지 내가 살아야 할 내 나라이기에, 나는 내 나라를 사랑하며 지켜 낼 것이다. 크게 공을 세울 수는 없지만, 길거리 휴지 한 조각 줍는 것도 애국이요. 모든 질서를 잘 지키는 것도 애국이라는 생각이 든다. 옆에 아들과 같이 온 저 외국인은 비행기, 탱크 등을 열심히 아들한테 설명해 주었고, 또 다른 외국인 세 명은 가이드와 같이 와서 진지한 표정으로 연신 고개를 끄덕이며 설명을 듣고 있었다.

숙소로 돌아오는 길을 몰라 나는 택시 타자고 하고, 동생은 버스를 타자고 실랑이를 벌이다 어떻게 삼각지에서 용산역까지 버스로 돌아왔다.

다음날

저녁을 먹고 커튼을 양옆으로 젖히니 야경이 아름답다. 한강 다리의 불빛도 좋고, 동생한테 "우리 유람선 한번 타보자"라고 했더니 동생은 자기 큰딸한테 부탁한다고 한다. 바로 예약해서 유람선 예약 표와 저녁을 먹을 수 있는 식사 표까지 날라왔다. 내일 저녁에 야경을 보며 배를 탄다. 저녁도 먹을 수 있다니, 꿈에 부풀어 행복하게 잠을 잤다.

다음 날 오전에는 아침도 거르고 그냥 누워서 뒹굴었다. 피로가 좀 풀린 것 같다. 점심은 대충 먹고 유람선 타기 전에 국회 의사당도 한번 가보기로 했다. 그런데 편한 옷으로 입고 갈 수도 있었는데, 나는 계량 한복에 목도리 하고, 한복 반두루마기까지 입고, 스카프를 숄처럼 두르고, 추우니까 모자도 쓰고 장갑도 끼고 여의도를 구경하러 외출을 했다. 동생은 행여나 혹시나 하면서 내 옆에서 경호원 역할을 충실히 했다.

마침 택시가 와서 승차하려고 했는데, 택시 기사님이 전화를 받으시면서 "에! 예, 미안합니다. 여기 몸이 불편한 장애인이 있어서 먼저 태우느라 늦다"라며 상대방에게 양해를 구하고 있었다. 우리 자매는, 아니 내가 나이가 많으니까, 졸지에 장애인이 되어버렸다. 기사는 전화를 끊고 자초지종을 설명해 주었는데, 카톡으로 연락을 받은 사람이 우선이라서 그런다고 양해를 구했다.

그럭저럭 국회 의사당 앞에 왔는데, 택시 기사는 우리를 내려줄 생각을 하지 않으셨다. 나는 구경해야 하니까 세워달라고 했다. 의사당 계단에는 텔레비전에서 보았던 것처럼 민주당 의원들이 종이를 한 장식으로 구호를 외친다. 나는 구경을 하는데, 국민의례를 하면서 태극기에 경례도 하고 묵념도 하고 애국가는 생략한 채 다음 순번으로 넘어갔다. 나도 그 사람들 가까이에서 태극기에 경례도 했다.

떠들썩한 사람들을 뒤로 남겨 두고 한 바퀴 돌아보기로 했다. 광장에서 이렇게 저렇게 포즈를 취하며 사진도 많이 찍었다. 내가 계량 한복에 반두루마기까지 입었는데도, 아무도 정말 아무도 관심을 보이는 사람이 없었다. 의사당을 끝내고 여의 나루터로 유람선 타러 가려고 발길을 돌렸다.

지나간 일들의 기억

윤중로, 당신과 서울 이사 올 때는 12월 20일이라 겨울이어서 추웠고, 이듬해 봄에는 이 길로 산책을 나온 적이 있었다. 정말 난생처음으로 남편과 벚꽃 구경을 한 셈이다. 그런데 당신은 절대로 먹을 것은 안 사주신다. 아마 그때도 점심 먹기에는 좀 이른 것 같아 나는 꽃구경하고 점심도 먹고 들어올 생각을 했는데, 오후 2시에서 3시 사이까지 걸었는데 끝내 점심을 안 사주셔서 배고팠던 기억이 난다.

좀 더 배가 불렀다면, 행복한 꽃구경이었으면 얼마나 좋았을까 하는 생각이 든다. 당신은 여행을 좋아하셔서 그때는 직접 운전을 하셨기에, 내 기억 속에는 사찰이란 사찰은 거의 다 간 것 같다. 당신은 부처님께 절을 하진 않으셔도 내가 좋아하니까 사찰에 많이 가주셨다. 전남 보리수 암부터 강원도 월정사, 양산 통도사, 해인사까지, 때론 여행사에 문의해서 강경 젓갈이라든지 관광버스로 가면 제대로 밥을 먹는다.

그런데 자차로 가면 점심은 굶게 마련이다. 식당 앞에 사람이 많으면 찌꺼기 줄까 봐 안 되고, 손님이 없는 식당은 반찬이 언제 했는지 모를 것이 나오니까 안 된다. 우리는 기껏해야 먹는 것이 도로에서 파는 노란 옥수수 빵이다. 이천 원 하는데 한 개 사서 당신 옆에서 한 입 드리고, 나 한 입 먹고 물 마시면 끝이다.

집에서 나갈 때마다 그것이 항상 불만이었다. 그래서 돌아올 때면 둘 다 배가 고픈데, 내가 빨리 밥을 해서 먹어야 하니까 나가게 싫을 때도 있었다.

설악산

당신 회갑 때 집에선 나이로는 대구에서 회갑을 했고, 호적 나이로는 회갑 전에 설악산에 간 적이 있었다. 하루 만에 갔다 올 수 없으니 전날 양양 해변에서 자고, 다음 날 새벽 5시에 출발해서 설악산으로 갔다. 그 근처에서 아침을 먹으려 했는데, 파는 곳이 없어서 못 먹었다. 그렇게 큰 산을 상상도 못 했지만, 가방에 먹을 거라고는 하나도 안 가져갔고, 심지어 물도 한 방울 넣지 않았다. 나는 등산이란 걸 처음 해보는 거라, 등산 갈 때 챙기는 것을 몰라서 아무것도 준비하지 못했다.

아침도 굶고 산길을 걸으니 배도 고프고 다리도 아프고 지쳐서 도저히 못 가겠다고 생각했는데, 지나가는 사람들에게 얼마나 남았는지 물으니, 저쪽 산만 지나면 된다고 해서 참고 또 걸었다. 거기서 다시 물으니 한 고개만 넘으면 된다고 해서 또 참고 걸었다. 정말 다리도 풀리고 정신도 혼미해질 때, 어느 제약 회사 한 팀이 등산하고 있었는데, 그분들이 쉬고 있었다. 그런데 한 사람이 담배를 피우고 있었고, 당신이 얼마나 담배를 피우고 싶을까 하는 생각이 들어서, “아저씨, 담배 두 개비만 빌려주세요.” 했더니 그분은 두말도 없이 담배 두 개비를 주었다.

하나는 정상에 가서 달라고 하면서 한 개만 얻어서 당신에게 드렸더니,

정말 꿀맛이라면서 조금만 피우시고 끄시기를 반복해서 정상까지 갈 수 있었다. 정상에 도착하니 하늘이 우리에게 복이라도 주듯이 너무 깨끗한 하늘과 맑은 공기가 펼쳐졌다. 처음으로 오는 곳이었는데, 이렇게 하늘이 맑은 날은 얼마 안 된다고 남들이 말하지만, 정말 보람이 있었고 가슴이 벅차기도 했다. 그것도 잠시, 다른 사람들은 저마다 도시락을 꺼내서 먹기에 바빴는데, 우리는 아침도 안 먹었고 물도 한 모금 못 마신 상태였다.

당신이 얼마나 배가 고플지 하는 생각에 좀 동냥이라도 할까 하다가, 도저히 내 자존심이 허락하지 않아 아까 담배 얻은 아저씨에게 가서 "아까 맡겨둔 담배 한 개비 주세요." 했더니, 그분이 담배를 주시면서, "아주머니께서는 사막에 가서라도 아저씨를 먹여 살리실 거라며" 담배를 주었다. 당신에게 담배를 드렸더니, 무슨 보약이라도 마시는 것처럼 행복해하셨다.

이제 정상에서 사진을 찍어야 하는데, 올 때 새것으로 한 통 넣어왔는데, 오면서 내가 다 써버려서 기념사진을 찍을 수가 없었다. 아까 담배 빌린 분에게 "사진 한 장만 찍어 달라"고 했더니, 그 당시 디카라는 카메라가 막 나올 때라서, 그분이 디카로 찍어 주며 명함을 주길래 받아왔다. 큰아들 보고 사진 좀 받아 오라 했더니, "너무 잘 나왔다"라며 인터넷으로 복사한 사진을 받아왔는데, 정말 잘 나왔다.

우리는 정상에 오후 1시경 도착했고, 20분을 넘기고 내려오기로 했다. 올라갈 때는 7시간이 걸렸지만, 내려오는 것은 정말 빨리 왔다. 4시간 반 정도 걸린 것 같다. 집에 오다가 다슬깃국을 맛있게 먹은 기억이 난다. 그 후 오색 약수터며 흔들바위, 울산바위를 올라갈 때는, 나는 어지러워서 손과 발, 네다리로 기어서 울산 바위에 갔다. 구름이 바위 밑에 있어서 아래 경치는 못 보고 온 적도 있다. 지난 추억에 사로잡혀 있다.

유람선

언니야 하길래 돌아보니 뭐 생각하나 하면서 연신 카메라로 나를 찍어준다고 자세 좀 제대로 잡아보라고 성화였다. 그럭저럭 선착장에서 배를 타게 되었고, 밤 9시에 배를 탄다고 했다. 지금은 4시 반인데, 어떻게 기다리냐고. 하늘은 맑고 너무 깨끗하다. 마치 가을 하늘처럼 맑고 높고, 뭉게구름도 옅게 피어있다. 온 세상이 나를 반겨 주기라도 하듯이 바람도 안 불고, 햇살은 오후인데도 또 얼마나 따스한지.

나는 6시 반에 배를 타는 줄 알았는데, 알고 보니 6시 반에는 애슐리 퀸스에서 저녁을 하는 시간이었다. 동생이 먼저 들어가서 사정 이야기를 했더니, 들어와서 식사도 하고 기다려도 된다고 했다. 안내해 준 자리에서 편하게 음식을 먹었다. 뷔페인데, 지금까지 먹어본 음식 중에서 제일 맛있는 것 같았다. 만약 손님 접대가 필요하면 꼭 이곳에서 하리라 생각했다. 모든 음식이 맛있고 좋았다. 그런데 아무도 내 옷에는 관심이 없어서 좀 실망했다. "참 예쁘네요. 멋있어요. 잘 어울려요." 하는 말을 듣고 싶었다.

저녁을 마친 후, 드디어 유람선을 타려고 기다리는데 유람선 선장님이 요즘 보기 드문 옷이라며 예쁘다고 말해주셨다. 기분이 너무 좋았다. 유람선은 전자동으로 움직이는 것 같았다. 아까 선장님이 기관실에서 나왔을 때, 유람선은 선착장을 밀어내듯이 하더니, 천천히 아주 천천히 움직였다. 야경이 정말 끝내줬다. 배 오른쪽에 우리는 앉았다. 이 층에도 다른 사람들이 올라갔는데 우리는 그냥 있었다. 혹시 계단에 서서 잘못해서 넘어질까 봐.

배가 강 다리 밑을 지날 때는 사진 찍기에 바빴고, 국회 의사당이 바로 옆을 지나치는데 정말 한 폭의 수채화 같았다. "어느 화가가 저렇게 멋진 그림을 그릴 수 있을까?" 그 순간 사진을 찍어야 했는데, 우리는 조금 있으면 배가 더 가까이 가는 줄 알았지만 배는 기대와 다르게 의사당을 점점 멀어지고 있었다. 순간 그걸 놓칠세라 급히 사진 몇 장을 찍었다. 서울 야경은, 내 생각에는 세계 어느 나라 관광객이 와도 손색이 없다는 자부심을 느꼈다.

야경을 마친 후 물어물어 도로까지 갔는데, 아무리 지나가는 택시는 있어도 손을 들어 택시를 잡으려 해도, 손님이 안 탔는데도 그냥 쌩쌩 가버렸다. 유람선은 9시에 출발해서 50분까지 돌았다. 밤은 낮과 달라서 바람이 불고 손도 발도 시렸다. 택시는 안 잡히고 한참 후에 택시를 탈 수 있었다. 기사님에게 "왜 손님이 안 탔는데도 차들이 그냥 지나가느냐?"고 물었더니, "지금은 카톡 시대라서 그렇다"라고 말씀해 주셔서 이해되었다.

춘천 관광

한 달 살이 동안 치열한 삶의 현장을 보았다. 다섯째 동생은 작은 가게를 운영하는데, 점심때마다 메뉴를 바꿔가며 식사를 준비한다. 오늘은 감자탕이란다. 내가 보내준 배추 시래기가 한몫하는 것 같다. 테이블이 여덟 개인데 손님들이 금방 차고, 또 금방 나가고, 다시 들어오기를 반복해 상 치우기가 바빴다. 저렇게 힘들게 돈을 벌어 내 용돈을 보내주고 있는 줄 알기에 마음이 아팠다.

다음날 다섯째가 소고기 파티를 해준다고 하길래, 점심 장사를 마치고 앉아서 이야기하다가 둘째가 내일 춘천에 가자고 했다. 용산역에서 보니 '아이티 엑스'라는 청춘 열차가 생각이 난다며, 동생 딸(조카)한테 예약하라고 하니 조카는 그 자리에서 핸드폰으로 왕복 티켓을 끊어주었다. 조카는 얼마 전까지 여행사에 근무했는데, 지금은 엄마를 도와 가게에서 함께 일하고 있다. 내일 춘천 가기 위해 일찍 잠자리에 들었다.

청춘 열차를 타고 가는데, 둘째 손녀가 6살쯤 되었을 때 할아버지, 할머니와 추억을 만들기 위해 작은 손녀를 데리고 청량리역에서 춘천을 간 적이 있었다. 소양강에 도착하니, 여기저기서 애들 장난감을 많이 팔았고 손녀는 그중 하나를 가리키며 사달라고 했다. 돈이 없어 못 사주고 당신에게 돈을 달라고 했더니 버럭 화만 내고 안 사줬다. 손녀는 울었고, 할아버지는 울지 말라며 화를 내고 있었다. 그 순간 지나가는 사람들이 쳐다보는데 이런 생각이 들었다. [어떤 아이가 울고, 엄마는 고함을 지르며 다투고 있었던 일이 떠올랐다. 어른이 아이를 데리고 이곳까지 와서 저렇게 하다니 싫어서 한 번 더 쳐다본 적이 있었다.] 그런데 조금 전 내가 남의 눈에 그렇게 보일 수 있다는 생각이 들어서 정말 싫었다.

아침에 둘째 아들이 잘 다녀오라며 오만 원을 주었는데, 나는 그 돈으로 그 장난감을 사주면 좋았을 텐데, 애를 울리게 한 것에 대해 정말 화가 났다. 날은 더워 후덥지근하고, 손녀는 울어서 지칠 지경이었다. 우는 애를 달래는 것은 내 몫이라 손녀를 등에 업고, 구경이든 뭐든 다 뒤로 하고 버스를 타고 갔다. 손녀는 내 등에 업혀 울다 지쳐 잠들었다. 정말 당신 꼭 그렇게 해야만 했는지 너무 미웠다.

춘천역 앞에서 막국수를 먹었는데, 손녀는 일어나지 않아 둘이서 먹었다. 속이 상해서 맛도 없었는데, 한참 후 손녀가 일어나서 하던 말은 "할머니, 아까 그거 안 사줘서 운 게 아니고 잠이 와서 울었어." 그 말을 듣는 순간 내가 이렇게 무능력하다는 것을 깨달았다. 옆에 김밥집이 있어 손녀 점심을 먹이고 돌아온 그 날이 바로 어제 일처럼 생각난다. 큰 손녀도 6살 때 목포 유달산에 다녀온 적이 있다. 그때는 이러지 않았는데.

며칠 후 며느리네 집에 갈 일이 생겨 혼자 가면서 지하철역 안에서 손녀가 갖고 싶다고 했던 그 장난감을 팔길래 사다 줬다. 지난날을 회상하는 사이 열차는 춘천역에 도착했다. 우리는 내려서 택시로 이동했는데, 전날 눈이 많이 와서 조심조심 걸었다. 미끄러질까 봐 걱정하며 택시에서 내려 소양강에 갔더니, 강 위에 유리 다리가 되어 있어서 밑으로 강물이 흐르는 것을 볼 수 있게 되어 있었다. 강에 어제 온 눈 때문에 출입이 금지되어 있었다.

우리는 소양강 처녀 동상 앞에서 사진 촬영을 마친 후, 도로 건너편에서 순두부찌개를 보았다. 점심을 순두부찌개로 먹었는데, 맛이 정말 좋았다. 칼칼한 국물에 제법 큼지막하게 썰어놓은 두부와 버섯, 나물들이 어울려 진짜 맛있었다. 밥은 금방 지었는지, 흑미를 약간 섞어 자색 빛이 띄워져 밥만 먹어도 금방 한 그릇을 비울 정도로 맛있었다. 아침을 대충 먹어서 그런지 점심을 너무 맛있게 먹고 나오니, 맞은편 다리에 사람들이 왕래하는 것이 보였다. 우리는 다시 그곳으로 갔다. 신발 위에 덧신을 신고 경로우대로 입장료는 받지 않았다.

밑을 내려다보니 정신이 아찔했다. 강에서는 고기들이 수면으로 올라오는 것을 볼 수 있었고, 그 모습에 함성이 절로 나왔다. 고기들은 마치 연주하듯 이쪽에서 풀쩍 저쪽에서도 풀쩍 수면으로 올라가 다시 물 밑으로 들어갔다. 그것만으로도 흐뭇했다. 핸드폰으로 연신 사진을 찍으며, 세상이 얼마나 좋아졌는지 느꼈다. 자칫 지나칠 뻔했던 이곳이 마치 내게 선물이라도 주는 것 같았다. 그동안 힘들고 마음 아팠던 나에게 하늘은 맑고, 따스한 봄날 같았다. 정말 하늘이 깨끗하고, 바람 한 점 없이 너무 아름다워 하늘을 보고 사진 한 장 찍었다.

우리는 다음 코스로 삼악산을 가기 위해 택시로 이동했다. 삼악산에는 유리로 되어 바닥을 볼 수 있는 케이블카가 있었다. 나는 유리 바닥을 선택했다. 올라갈수록 경치가 너무 아름다워 돈이 아깝다는 생각이 전혀 들지 않았다. 햇살은 나만을 환영하는 듯 따스하고 기분 좋았다. 몸은 매우 힘들었지만, 동생 앞이라 신나고 좋아하는 모습에 내색할 수 없었다. 동생은 산 정상에 올라가자고 했는데, 나는 자신이 없어 혼자 남았다.

동생은 커피와 케이크 한 조각을 시켜서 내 앞에 놓고 올라갔다. 커피가 뜨거워서 동생이 오면 나누어 먹으려 기다렸는데, 아무리 기다려도 오지 않았다. 혹시 정상에서 미끄러졌는지 걱정되었는데, 그때 쌕쌕거리며 동생이 돌아와서는 "언니야, 커피 안 마시고 있냐?"라며 나를 나무랐다. 커피도 나누어 마시고, 케이크도 먹으며 전망대에서 사방을 둘러보았다. 저 밑에 흐르는 강물도 조용히 흐르고 있었고, 산골짜기에는 어제 내린 눈이 햇살을 받으며 보였다. 햇살을 덜 받은 곳에는 아직도 눈이 남아있었다. 어릴 적 시골 동네 풍경과 전혀 다르지 않았다. 너무 좋았다.

차가운 1월, 서울에 그렇게 눈이 많이 왔는데도 강원도는 깨끗한 하늘과 따스한 햇볕이 나만을 위해 존재하는 것 같았다. 두 팔을 하늘로 뻗으며 이 순간을 놓치지 않으려 감사함을 느꼈다. 그렇게 춘천 여행을 마친 후 숙소로 돌아갔다.

인천으로

막냇동생이 내일 오후에 조퇴가 된다고 하여 인천으로 오라고 했다. 둘째 동생은 신이 나서 재부가 마중을 온다고 했다. 나는 몸이 너무 힘들어 못 간다고 말할 수 없었다. 그래서 나는 일찍 잠자리에 들었다. 다음날 열 시 반에야 일어나 옥수수수프를 하나 태워 주길래 먹고, 늦게 일어나 인천으로 향했다.

그렇게 당신과 함께 타고 갔던 지하철과 인천 자장면 축제 때 자장면을 먹으러 갔던 일이 떠오른다. 가는 곳마다 당신과 함께했던 시간이 기억난다. 맥아더 장군 동상도 둘러보고 인천 앞 거리도 걸어봤다. 소래 포구도 갔었는데, 그곳에서는 직접 생선회를 떠서 한쪽에서 소주 한잔과 함께 먹을 수 있는 곳이 있다. 나는 부처님을 따르는 불자여서 생선회를 남편에게 사 준 적이 없다.

아주 오래전에 들은 얘기인데, 정말 철저히 불자이신 할머니께서 말씀하시기를 "정말 배가 고프면 남의 것을 훔치는 도둑질도 할 수 있고, 여인이 자기 눈에 아주 뻥 갈 정도로 예쁘면 강간이라는 일도 할 수 있다"라고 했다. 그런데 꼭 한 가지는 하지 말라고 하셨다. 그건 바로 강이나 바다에서 낚시해서 그 자리에서 포를 떠서 먹는 일이었다. 아들이 셋이었는데, 다른 건 다 해도 낚시만큼은 가지 말라고 당부하시던 말씀을 아직도 기억한다. 그래서 생선회는 먹지 않는다. 아마 그때도 갈치 한 묶음을 사 들고 온 것이 어렴풋이 기억난다. 갈치는 당신이 참 좋아하시는 거였다.

2번 출구로 나오라 했는데, 3번 출구로 나왔다. 제부는 왼쪽 도로에 차를 세워 두고 기다리고 있었고, 둘째는 오른쪽을 보며 손을 흔들고 있었다. 나는 제부가 보이나 싶었는데, 왼쪽에서 제부가 빵빵거렸다. 그러자 둘째는 저쪽에 키가 큰 사람이 있어서 제부인 줄 알았다고 했다.

두 딸은 지금 서울에서 직장 생활을 하고 있고, 집에는 두 부부만 살고 있다. 마당에는 감나무 두 그루가 있다. 가을이면 단감이 내게도 온다. 맛이 참 좋다. 비싼 땅인데 감나무 두 그루와 포도 한 그루, 화분들로 꽉 차 있다. 안으로 들어가니 정리가 잘 되어 있었다. 작은딸 방에는 세라젬이 있었는데, 둘째 동생이 나보고 누워보라며 배에도 하나 얹고 다리를 덮어주었다. 제부는 스위치 조절을 해서 약하게 하라고 했다. 둘째는 약하게 하라고 하며 노래를 부른다.

잠시 뒤, 막내가 돌아왔다. 회사에서 이러저러해서 조퇴해주십사 했더니, 금요일부터 쉬면 일요일까지 쉴 수 있다고 해서 그렇게 하라고 했다. 막내는 정말 신이 나서, 떨어져 있다가 주인 만난 강아지처럼 기뻐했다. 나는 일어나 달라고 했고, 제부와 두 동생이 몰려와서 기계를 끄고 손을 잡고 일어나 점심을 먹으러 가자고 했다. 막냇동생은 인천에 있는 차이나타운에서 연경이라는 곳을 예약해 두었다며, 코스 요리라고 했다.

중식당에 가면 나는 보통 삼선자장면을 먹지만, 오늘은 특별한 날이라서 대접한다고 맛있게 먹으라고 했다. 돈은 막내가 다 알아서 할 일이니, 나는 그냥 맛있게 먹기만 하면 된다고 했다. 둘째는 "언니, 왜 이렇게 비싼 거 했느냐", "다음에는 못 얻어먹으니 가만히 있으라."라고 하는 와중에….

탕수육이 먼저 나왔다. 접대하시는 분이 적당히 잘라 주셔서, 찹쌀가루로 반죽해 속은 촉촉하고 겉은 바삭했다. 소스에 찍어 먹으니 너무 맛있어서, 원래 한 개 정도 먹으면 안 먹는데, 몇 조각 먹었다. 그다음엔 새우 요리가 나왔다. 내가 봉천동에 살 때 YWCA에서 중화요리를 배운 적이 있었는데, 내가 가장 좋아하는 음식 중 하나였다. 소스가 참 맛있었다. 한 사람 앞에 두 마리씩 나오는데, 모두 한 마리만 먹고 나에게 주었다. 그래서 나는 세 마리, 제부는 세 마리, 동생은 한 마리씩 먹었고, 둘째는 제부에게 새우를 주고, 막내는 나에게 주었다. 보기만 해도 정겨운 모습이었다.

누룽지탕이 나왔고, 이것도 내가 참 좋아하는 음식이었다. 너무 맛있게 먹었지만, 배가 넘칠 듯해 더 이상 먹지 말라고 신호를 보냈다. 그때 고추

잡채가 나왔다. 예전에 배울 때는 부추에 돼지고기를 채 썰어 넣었는데, 여기서는 돼지고기가 거의 없고 녹색 피망을 잘게 채 썰어 볶은 것 같았다. 제부는 자주 먹은 것인지 깔끔하게 잘 먹고, 둘째는 빵 위에 잡채를 올릴 건지 잡채 위에 빵을 올릴 건지 엉성했다. 막내는 젊어서 그런지 품위 있게 맛있게 먹었고, 나는 도전했으나 맛이 별로였다.

막내는 들떠서 "언니, 오늘 월급 탔어요. 원하는 거 말씀만 하세요. 다 해드릴게요."라고 했다. 나는 그런 동생이 바라만 봐도 흐뭇했다. 큰딸은 부산대학 사회학을 졸업했고, 단 한 번도 장학생을 놓친 적이 없다. 4년 내내 장학생으로 공부해서 가정에 큰 도움이 되었고, 지금은 서울에서 근무하고 있다. 둘째 딸은 P제과점에서 일한 경력이 있고, 경희대에서 식품 관련 학과를 졸업했다. 지금은 취직 중이다. 막내 제부는 전기가 전공이고, 냉동기술 자격증도 있어서 여러 자격증을 갖고 있다. 지금은 연평도에서 냉동창고를 관리하고 있다.

연평도에서 인천 집으로 한 달에 서너 번 나오는데, 사업주들이 생선과 꽃게 등을 많이 챙겨준다. 그래서 자매들이 다 맛볼 수 있다. 특히 꽃게 철에는 상자로 보내주어서 나누어 먹을 수 있다. 막내가 "큰언니? 뭐 생각해?" 정신을 바짝 차리고 보니, 마지막 요리로 백 짜장과 백 짬뽕이 있었다. 여기는 백 짜장이 유명하다고 해서 백 짜장으로 권했다. 배가 불러서 그런지 백 짜장이 내 입에는 맞지 않았다.

음식점에서는 일하는 사람이 없어서 외국인을 많이 채용하는데, 여기는 99%가 중국인이다. 거리를 나서니 특화 거리라서, 계단에 앉아 여러 장의 사진을 찍었다. 제부의 안내로 월미도라는 곳에 가서 산책했고, 작은 동물원에서 하얀 토끼만 보았다. 제부는 인근에 기네스북에 등재된 건물이 있다고 했다. 둘째 동생은 계속 사진을 찍느라 정신없었다. 제부는 저녁을 먹자고 했지만, 이미 늦은 점심때 많이 먹었으므로 싫다고 했다. 특화 거리에서 속이 비어있는 빵을 사서 산책 중에 먹었다.

일요일에는 다섯째가 석모도 미네랄 온천을 가자고 해서, 막내에게 짐을 챙기고 함께 서울로 가자고 했다. 제부도 그러라고 금요일 밤부터 일요일 낮까지 혼자 지내게 되었다. 우리 셋은 주안역에서 상가를 구경했고, 막내는 뭐라도 하나 사라고 성화였다. 우리는 전철을 타고 숙소로 돌아와 대충 씻고 일찍 잠자리에 들었다. 낮에 그렇게 다닌 것이 내 몸에는 무리가 갔지만, 동생들이 나를 위해 이렇게 해주는데 움직일 수밖에 없었다. 그런 것을 아는지 모르는지 둘째는 홍삼, 옥수수수프, 고구마까지 쪄서 먹으라며 난리였다. 저녁 약도 먹어야 한다며 먹으라고 했다. 나를 너무 챙긴다고 생각했지만, 둘째 동생의 걱정과 배려는 정말 고맙고 따뜻했다.

다음날

다음 날 아침 두 동생이 문산 임진각에 가잔다. 두 동생은 일찍 일어나 설치는데, 내가 오늘은 못 움직이겠다고 하니 둘만 갔다 오라고 했다. 그랬더니 눈치를 챘는지 조용하다. 그래도 동생들 아침을 먹여야 하고, 막내아우는 호텔이 처음이라 호텔식 아침을 먹여야 할 것 같아 31층에 올라갔다. 막내는 아직 한반도 해외여행을 못 해보았기에 호텔 식사가 처음이다. 둘째 하는 것을 보고 따라쟁이처럼 같이 하고 있다.

식사하는 동안 인증 사진도 찍고 둘이 함께 신났다. 둘은 사부작사부작 나중에는 세탁하러 간다더니 소식이 없다. 내 눈은 자꾸 자자고 하는데 동생들은 오지 않고, 한참 후에야 찰떡을 프라이팬에 구워 왔다며 빨리 일어나라고 야단을 친다. 마음속으로 매우 고마웠다. 사십구재 때 제사상에 얹었던 떡인데, 내가 들고 와서 냉동실에 넣어놓고 시루떡은 집 냉동실에 넣어놓고, 찰떡과 나물, 전은 가져와서 나물은 다 먹고 떡만 남았다. 둘이 요리실에 가서 떡을 구워왔다.

점심은 떡으로 먹고 내일 석모도 가기로 해서 다섯째 집에서 자고, 다음날 새벽 5시경에 출발한다고 한다. 각자 짐을 챙기는데 다섯째가 우리를 데리러 왔다. 저녁은 목동 아파트에서 먹기로 하고 카카오 택시를 탔는데, 기사님이 차 문도 안 열고 담배를 피워서 냄새가 고약했다. 그래서 창문을 조금 열고 갔는데, 둘째가 멀미를 하기 시작했다. 집에 도착하니 배추를 소금에 절인 것처럼 축 처져 있었다.

다섯째가 물을 한 컵 주었는데 둘째가 내 컵에도 좀 부어주고, 나는 아직 물을 마시지 않았는데 둘째는 목이 말랐는지 물을 입에 넣더니, 왝하며 순간 다리도 뻗었다. 조금 전까지 절인 배추 같더니 어디서 그런 순발력이 났는지, 왜 그러냐고 물으니 물이 너무 뜨거워서 그랬단다. 그 순간이 지나고 나니 언제 멀미했나 싶을 정도로 말짱해졌다. 저녁은 시래깃국에 밥을 먹고 싶다고 했더니, 그거는 배달이 안 된다고 해서, 그러면 해물찜으로 먹자고 하니 다들 좋다고 특대를 시켜서 모두 잘 먹었다.

다들 오랜만에 만났고 반가움에 이 밤을 그냥 날밤을 보낼 기세들이다. 나는 내일 새벽부터 움직여야 하니 9시부터 자도록 하라 했더니, 볼멘소리 하면서도 불은 끄더니만, 다시 일어나 모자랑 신발, 외투도 꺼내면서 나가져 가란다. 다 마음에 들어 하니 마사지하는 것들을 켜 드니, 별별 것이 더 있다. 장사하다 보니 몸이 힘들어서 저녁에 집에 와서 한단다.

다섯째는 배드민턴을 전에는 살던 곳에서 동네 선수로 뛸 정도로 잘했다.

얼마 전까지는 테니스도 한다 했는데, 보니까 요사이 골프를 치러 가는지 골프 가방이 있는데 안 물어보았다. 분홍색 운동화를 주는데 내가 신은 신발은 빙판길에 넘어질 것 같아서 주길래 사양 안 하고 받았다. 발이 시려서 밤에 잠자기가 힘들다고 했더니, 신발처럼 생겼는데 밑창에 데워서 넣으면 발이 따뜻해지는 것이 있다며 그것도 주었다. 엄청나게 수확이 크다.

그래도 내일을 생각해 일단 자자고, 11시에 불을 끄고 동생들도 제각각 자리에 누워 잠이 들었다.

정작 나는 잠이 안 와서 누워서 눈만 말똥말똥해진다. 10년 전에 해장국 집을 크게 운영했는데, 그런 데로 장사가 잘되어 주방에도 홀에도 사람들을 채용해서 24시간 풀로 장사를 했다. 그러던 와중에 제부가 주방 이모랑 눈이 맞아서 바람이 났고, 둘이 법원에서 6개월 유해 기간을 주었는데 제부가 자기 발로 가서 이혼에 사인하고 와서는 영영 떠나버렸다. 자연적으로 가게도 줄고 집도 없고 딸 하나 데리고 지금까지 이렇게 사는 것이 내 죄가 큰 것 같아 마음이 아프다. 저 동생이 그렇게 힘들 때 나는 무엇을 도와주었는가를 생각하니 아무것도 해준 것이 없다. 그런데도 저놈은 큰언니라고 한 개라도 더 주고 싶고, 더 먹이고 싶어 하는 것을 보니 눈물이 소리 없이 흐른다.

잠을 못 이루어 뒤척이는데 둘째가 일어나 또 바스락거리더니 수프를 타 와서는 먹으란다. 빈속에 약 먹으면 안 되니까 약 먹기 전에 수프 먼저 먹으란 말이다. 수프는 먹었는데 약은 안 먹었다. 새벽 4시 반이 되니까 다들 옷만 입고 가방들을 챙겨 큰 병에 따뜻한 물도 챙겨 5시도 안 되어서 석모도로 출발했다.

석모도

운전은 다섯째가 하고, 그래도 씩씩하다. 서울 사는 사람들은 매우 바쁜지 그 시간에도 차들이 도로에 많았다. 인천 강화도를 지나서 석모도로 간다. 큰언니 도착하려면 시간 좀 걸리니 눈 좀 붙이라 한다. 사실 석모도는 전에 한번 간 적이 있는데, 큰아들 여름휴가 때 당신하고 나하고 자가용 승용차로 이곳에 배 타고 온 적이 있다. 산 저 위에 석불이 엄청나게 크신 분이 계시는데, 그때 와서 제발 큰아들 장가 좀 보내달라고 빌고 갔었다. 그런데 온천이란 말은 처음 들어본다. 설렘을 가득 안고 밤에는 동생 걱정에 마음이 어정쩡했다.

도착지를 저만큼 앞에 두고 차들이 꽤 많이 와 있었다. 그런데 차들이 왜 저러지 하면서 점점 입구 쪽을 가보니 현수막에 “임시 휴장 영업 축소 운영”이라는 글귀가 눈에 들어왔다. 우리보다 먼저 온 차들이 들어가지 못하니까 웅성대고 있는 것이었다. 우리라고 별수 있나 돌아가지 않으면 안 되었다. 우리 자매들은 한마디씩 불평하며, “내비게이션이 가르치는 대로 돌아올 수밖에”라고 했다. 길을 아는 사람도 없고, 또 새벽이라 아직 어둠이 있으니, 길도우미가 시키는 대로 출발해서 얼마 안 가, 내가 따뜻한 물이라도 조금 먹고 가자 했더니, 운전하는 놈도 그러자면서 도로가 찻집 마당에서 잠시 쉬어가자는 말과 동시에 꽝 하는 굉음과 함께 차가 멈췄다. 누가 먼저랄 것도 없이 차에서 내려 차를 보니 바퀴 하나는 블록을 넘어가고 하나는 못 넘어가고 운전하는 놈이 그 블록 있는 것을 못 보아서 일어난 사고였다. 둘째는 자기도 운전하니까 비상시 대처 방법을 알아서 빨리 뛰어가더니 핸드폰으로 불을 켜서 다른 차들에 사고를 알리면서 손을 흔들고 있고, 막내는 삼각대를 찾아서 도로에 설치하고 운전한 놈은 사고 처리 때문에 전화하고, 다들 순발력이 있어서 한시름 놨는데. 둘째가 "언니야 이 차 사고 나면 사망이다" 하면서 나를 끌고 가 여기 가만히 있으라며 건물 귀퉁이에 나를 세워 두고 또 손을 흔들러 갔다. 한바탕 소동이 지나고 나니 어둠이 조금씩 사라지고 날이 밝아오기 시작했다. 그제야 다들 안도를 했는데, 찻집 주인인 듯한 남자가 오더니 어쩌다 그랬냐고 묻고 한 놈은 설명하니 그 사람이 가고, 한참 후에 또 다른 남자가 와서는 차를 이리저리 보더니, 차를 뺄 수 있다는 것이다. 둘째는 좀 도와달라고 부탁하니까, "내가요?" 하면서 망설이는데 우리는 "도와주세요" 했더니 잠시 망설이더니, "그러면 앞에서 양쪽에서 차를 들란다" 차에 올라타더니 이번에는 꽝이 아니고 쫙하는 소리와 함께 차가 뒤로 빠졌다. 그렇게 무사히 차는 좀 긁히기는 했어도 운전에는 지장도 없고, 네 자매 무사한 것에, 조상님께 감사하고, 부처님께 감사하고, 나도 모르게 옛날 빌든 습관대로 그대로 하는데, 동생들 일제히 "언니야 이제 교회 가니 부처님은 안 찾아야지" 하는데 내가 또 졌다. 사실 23년 11월까지도 나는 불교 신자였다. 그런데 당신 가셨을 때 넷째 동생 교회에서 목사님을 비롯한 많은 교우가 조의금을 보내 주셨다. 동생한테는 "언니 형부가 부모님이라면서" 나도 그때 일도 있고 또 동생이 "언니야 이제 교회 나가자" 하면서 많이 졸랐고, 나도 이제는 이웃과 같이 섞이며 살고 싶어서, 2023년 12월 24일에 처음으로 교회에 나갔다. 목사님은 가끔 만나는 일이 있어서 얼굴은 알고, 사모님도 알고, 요새 사모님은 나한테 예수님을 주제로 공부 가르치시려고 내 몸만 좋아지기를 기다리신다. 동생들 결혼할 때, 또 동생 자녀들을 결혼할 때 여러 번 인사했기에 많이 나를 반겨주셨다. 그런데 지금 서울에서 한 달 지낸다고 목사님께 말씀드리고, 목사님도 내 머리 위에 손을 얹으시며 기도해 주셔서 대구 가면 꼭 교회에 나갈 거다. 일대일도 버거운데 삼 대 일로 덤비니 내가 입을 다물 수밖에 없었다. 아까도 물 먹자는 말만 하지 않았어도 이런 사고는 없었을 텐데, 더더욱이 입 꾹 다물었다.

차는 다리를 건너 강화도로 들어가고 있었다. 둘째가 열심히 찾더니 마이산도 있고, 가까운데 전등사도 있다며 가는 길이라 전등사에 들러보자고 했다. 다들 말을 잃은 듯 아무 말 없이 주위를 둘러보던 중, "저기 찻집이 있다"라며 정말 따뜻한 차 한잔 마시고 가기로 했다.

아까 석모도 갔던 차들이 우리처럼 이곳 전등사에 들렀던 것 같았다. 쌍화차에 강화 쑥으로 만든 떡을 주문했는데, 쌍화차가 너무 써서 안 먹었더니 "몸에 좋은 거니까 투정 부리지 말고 다 마셔라." 하며 다 마시라고 했다. 가만히 생각해 보니, 내가 동생들에게 약을 먹일 때 하던 말이 떠올랐다. 떡은 숯덩이처럼 검었지만, 배고프니까 그런대로 먹을 만했다.

이곳 강화도는 몇 번 와본 적이 있다. 당신과 둘이 자차로 강화도 한 바퀴 돌아본 적이 있다. 그때도 이곳 전등사에는 꼭 들렀다. 유명 사찰이라고 말씀하시면서. 그때 이곳 강화도에서 신부 수업을 하던 막냇삼촌 아들(조카)은 지금 어엿한 신부가 되었다.

우리 자매는 어디로 갈 것인지 의논하는데, 그냥 숙소로 바로 가서 쉬고 싶다고 했다. 그러자 강화에서 오면서 인천에 있는 동생은 집 앞에 내려주고, 나와 둘째는 숙소에 내려주었고, 다섯째는 자기 집으로 갔다. 내일이면 둘째도 집으로 보내줘야 한다. 오늘 석모도 같이 갔다가 내일 보내주기로 제부와 약속했기 때문이다.

점심은 누룽지로 먹고, 둘째가 약이 든 가방을 못 챙겼다며 전화를 하니, 다섯째가 차를 놔두고 지하철로 약을 가져다주었다. 우리가 기대하고 꿈꾸었던 석모도의 야외 온천은 이렇게 끝이 났다.

다섯째의 한마디

두 동생과 함께 밖으로 나가 저녁을 사주었다. 어제저녁에는 해물찜을 먹으며 각자 잔에 소주를 조금씩 따르고, 나는 냉수를 잔에 따라 건배를 제안했다. "위하여!"라고 외치며 잔을 들고는 말했다.

"뚝심 있게, 배짱 있게 기를 펴고 살자!"

그 장면을 동영상으로도 찍었다.

문제는 그다음이었다. 다섯째가 나를 보며 이렇게 말했다.

"큰언니, 왜 아들 집에 안 가고 호텔에 머물러요? 아들이 둘이나 있는데 왜 안 가요? 언니는 당당히 엄마 대접을 받아야 해요!"

그러면서 한 번도 말한 적 없던 불만을 털어놓기 시작했다. 자기 나름대로 많이 무시당했다고 하며, 과거의 일을 꺼내 들었다.

"언니 결혼하고 여름 휴가철에 언니 집에 갔던 거 기억나요? 셋째네, 넷째네, 막내까지 애들 데리고 갔는데, 그 더운 날 형부는 마루에서 개 두 마리 안고 선풍기 틀고 있고 우리는 그 더운 방에서 얼마나 힘들었는지 알아요? 에어컨도 있었으면서 틀어 주지도 않았잖아요."

그뿐만이 아니었다.

"언니, 26년을 살면서 20년은 병시중 들었잖아요. 4년 전부터는 대소변 기저귀까지 갈아 가면서 돌봤죠. 남들 같으면 요양원에 보낼 사람을 언니는 큰언니니까 끝까지 돌보셨잖아요. 그런데 왜 지금 이렇게 지내요? 언니도 당당히 대접받아야죠!"

다섯째는 얼굴이 벌겋게 달아오른 채 따지듯이 말했다. 그 순간 나는 아무 말도 하지 못했다.

잠시 후, 나는 이렇게 말했다.

“당신은 내가 고생하지 말라고 연금 주고 가셨잖아. 그러면 됐지, 무얼 더 바라느냐고?”

그러자 다섯째가 말했다.

“그거 말고 상속도 당당히 요구하세요! 다들 그렇게 해요.”

다들 한마디씩 보태기 시작했지만, 나는 단호히 말했다.

“우리 어릴 적, 우리도 계모 때문에 얼마나 고생했냐? 나는 그런 계모가 되지 않으려고 이때까지 참았고, 돈 욕심도 없어. 많으면 좋겠지만 지금 이대로도 괜찮아. 집이 전세라 해도 이 나이에 전셋집에 연금 타고 살면 되는 거 아니겠니? 나는 남들처럼 똑같은 계모가 되지 않으려고 여기까지 왔다. 이제 그 정도만 하자.”

내가 그렇게 말하니 동생들이 잠잠해졌다. 침묵이 흐른 뒤 막내가 내 밥 위에 새우와 아귀 살을 올려주며 먹어보라고 했다.

그런데 다섯째는 여전히 할 말이 남아있는 듯했다.

“형부 장례식장에 갔을 때, 큰언니 아들들이 고개만 까딱하고 말 한마디 없었던 거 기억나요? 오셔서 감사하다든지, 그동안 어떻게 지내셨냐 든지, 그런 말 한마디도 없었어요. 식탁에도 안 나오더라고요.”

그 말을 들으니 섭섭함이 밀려왔다. 정말, 이제는 그 애들에게 모르는 사람처럼 살고 싶다는 생각이 들었다. 26년이라는 세월 동안 어찌 좋은 일만 있겠는가. 하지만 전처 자식이라고 나를 계모라며 무시당한 일들은 한두 번이 아니었다. 인제 와서 그들과 잘되길 바라는 것은 정말 바보 같은 짓일 거였다.

몸에 난 상처는 시간이 지나면 치료되지만, 마음에 난 상처는 겉으로는 보이지 않지만 오래도록 남는 법이었다.

어느새 두 동생은 밥을 다 먹고는 나에게 빨리 먹으라며 재촉했다. 결국 다섯째는 바로 자기 집으로 가고, 우리는 숙소로 돌아왔다.

둘째도 가고

짐을 챙기며 엄마가 아이에게 당부하듯 말했다.

"밥 잘 먹고, 약 잘 챙겨 먹어라. 특히 끼니는 제대로 챙겨 먹어야 한다."

그렇게 당부하고 또 당부했다. 나는 동생들이 눈에 보이지 않게 나를 감시하고 있다는 것을 눈치로 알고 있었다. 동생들이 걱정하는 것은 혹시라도 내가 약을 먹고 눈을 감을까 봐서 더더욱 신경을 쓰는 것이다. 사방에서 나를 보호하려고 애쓰는 모습에 고맙기도 했지만, 한편으로는 감시받는 기분이 들었다.

모두가 나를 살리려고 그렇게 애쓰고 있는데, 나는 자살할 생각은 없었다. 그동안 너무 참아왔기에 몰라서 참은 것도 아니고, 바보라서 모른 척한 것도 아니었다. 이제는 정말 보란 듯이 당당하게 살기로 마음먹었다. 그렇게 살기 위해 이 글을 적는다.

다음 날 아침, 호텔에서 마지막으로 아침 식사를 마쳤다. 우리는 서울역에 가서 KTX 열차표를 사주었고, 둘째가 떠나기 전 내게 봉투 하나를 건네주었다. 하지만 나는 몰래 그 봉투를 가방 안에 다시 넣어 주었다.

"잘 가라. 수고 많았다."

나는 짧게 인사를 건넸다. 열차가 출발한 뒤 나는 발길을 돌려 숙소로 향

했다. 그런데 왠지 모르게 허전한 기분이 들었다. 숙소에 도착하니 옆에서 재잘거리던 동생들의 모습이 떠올랐다. 잘 도착했는지 궁금하기도 했다. 동생들이 있을 때는 정신없이 움직이느라 느끼지 못했지만, 혼자가 되니 말할 상대가 없다는 사실이 새삼스럽게 느껴졌다.

도착할 시간이 되어 동생에게서 전화가 왔다.

"언니, 집에 가는 버스를 놓쳐서 한 시간이나 울산역에서 기다려야 해."

그날 저녁, 동생은 집에 도착하자마자 전화를 걸어와 이렇게 말했다.

"언니는 왜 내 성의를 무시해? 봉투 도로 넣은 거 정말 서운했어."

하지만 내 마음은 오히려 편했다.

저녁 무렵, 당신을 떠나보낸 그 날부터 하루도 빠짐없이 전화해 주던 막내동서가 연락을 해왔다. 동생이 함께 있을 때는 잠깐씩만 통화했는데, 이날은 오랜만에 지난 일들을 이야기하느라 두 시간이 훌쩍 지나갔다.

화요일, 올겨울 들어 가장 추운 날씨였다. 그런데 갑자기 문자가 한 통 왔다.

"25일까지 4,810원을 납부해 주십시오."

나는 그때까지 기다릴 수 없어서 그 추위 속에 우체국을 찾아가 문자를 보여주고 요금을 냈다.

글을 쓰려다 돋보기가 필요해 몇 군데나 물어본 끝에 용산 지하 이마트에서 돋보기를 15,000원에 구매했다. 마트에 간 김에 밀감, 호박 수프, 고구마도 함께 사 왔다.

저녁이 되자 넷째에게서 전화가 왔다.

"전기밥솥이 고장 나서 새로 주문했는데, 올 때까지 언니 것 좀 써도

돼?”

“그러라. 가는 김에 금붕어 밥도 좀 줘.”

잠시 뒤 다시 전화가 왔다.

“김치냉장고에서 소리가 나서 코드를 잠깐 뺐다 꽂았더니 소리는 안 나는데 불이 깜박거려.”

나는 조용히 설명해 주며 동생을 안심시켰다. 하루하루가 이런 소소한 일들로 흘러가고 있었다.

김치냉장고 고장

서비스센터에 전화를 걸어 고장 접수를 했다. 고장 신청받은 기사님이 곧 전화를 주셨다. 나는 이러저러하다고 상황을 설명해 드렸더니, 기사님이 말씀하셨다.

“어머니, 현재 김치냉장고 상태가 사람으로 비유하자면 치매 걸린 것과 비슷하다고 보시면 됩니다.”

처음 들어보는 말이었다. 김치냉장고도 치매에 걸릴 수 있다니, 어안이 벙벙했다. 기사님의 설명에 따르면 냉장고 내부의 앞 기판과 뒤 기판이 서로 연락이 되지 않아 생긴 문제라고 했다.

“수리하려면 비용이 약 ○○원이 들지만, 굳이 고치지 않고 그냥 사용하셔도 됩니다.”

나는 집에 없는데 화재라도 날까 걱정했지만, 기사님이 괜찮다고 하셔서 안심되었다. 얼마나 고마운지 모를 정도였다. 결국, 수리는 하지 않기로 결론지었다.

살다 보니 별일이 다 있었다. 김치냉장고가 치매에 걸린다는 말을 듣게 될 줄이야. 그렇게 하루가 지나갔다.

수요일, 조카 딸이 카톡을 보내왔다.

"이모할머니, 지금 만나러 가는 중이에요."

마침 큰아들에게도 전화가 왔다.

"전기기능장 1차 합격했어요!"

기쁜 목소리였다.

"26일에 삼촌이랑 동서랑 점심 먹기로 했다고 말해주고, 큰아들이 묻길래 호텔 이름을 알려주었다.

조카 딸내미

전화를 끊고 나니 온다는 조카딸에게서 카톡이 왔다. 이마트에 들렀다가 온다며 잠시 기다려 달라고 했다. 밖에서 기다리니 닭강정과 새우 요리를 사 들고 도착했다.

그 아이는 지금 영국에서 생활하다가 몸이 너무 아파서 예정보다 일찍 귀국했다고 했다. 원래는 다음 달 말쯤에 들어올 예정이었다고 했다. 거의 2년 동안 영국에서 생활하며 겪은 이야기를 들려주었는데, 항상 어리게만 보였던 아이가 이제는 나보다 더 어른스럽게 느껴졌다.

특히 외국 생활을 하며 한국 학생들과 한국말로만 대화하다 보면 영어를 제대로 배우지 못한다는 것을 깨닫고, 외국 친구들을 많이 사귀었다고 했다. 그러면서 내 나라의 소중함과 세계의 흐름을 이해하게 되었고, 자신이 느낀 바를 차근차근 내게 이야기해 주었다.

영국으로 떠나기 전에는 하나뿐인 딸로 응석받이로 자랐던 아이가 이제는 물가가 얼마나 올랐는지, 절약의 중요성, 그리고 정리 정돈을 미루지 않는 습관까지 배우며 많이 성장했다고 했다. 그것만으로도 충분히 큰 공부를 했다고 생각했는데, 조카딸은 부모님께 미안함과 앞으로의 책임감까지 이야기하며 성숙한 모습을 보여주었다. 그 말에 내 마음이 참 흡족했다.

저녁을 밖에서 사주려고 했으나 아까 사 온 닭강정으로 간단히 해결하겠다고 했다. 나는 햇밤을 데워 닭강정과 함께 저녁을 차려 주었다. 그렇게 저녁을 먹이고 난 후 조카딸을 배웅하며 마음 한구석에 흐뭇함이 가득했다.

둘째 동생 딸한테

한강 유람선을 타기 위해 세 사람을 예약했다. 2월 1일에 조카딸과 동생을 데리고 유람선을 태워 주고, 점심으로 맛있는 뷔페도 먹이려는 계획이었다. 조카가 카톡으로 바로 예약해 주었다.

그날 세탁실에서 세탁하던 중 스위치를 잘못 눌렀다. 원래는 45분이면 끝날 세탁이었는데, 1시간 45분이라는 숫자가 화면에 떠버렸다. 어쩔 수 없이 그냥 진행했더니 세탁물이 엉망이 되어 버렸다. 속옷 몇 개는 염색이라도 된 것처럼 물이 들어있었다.

그때 다섯째가 전화를 걸어왔다. 또 어떻게 보내느냐며 나날이 꼼꼼하게 짚어가며 이것저것 물었다. 내가 글을 쓰고 있다고 얘기하니, 월요일까지 다 썼다고 하자 다섯째는 “사람이 어떻게 그렇게 감성이 없느냐”며 핀잔을 주었다. “그 많은 일을 일주일 만에 그렇게 빨리 쓸 수 있느냐”며 처음부터 다시 읽어보고 제대로 쓰라는 말까지 했다.

그 말을 듣는데 신경질이 슬슬 올라와 결국 전화를 끊어 버렸다. 하지만 명절 뒤에 집에 갈 때 자신이 데려다주겠다고 하는 말을 듣고는 마음이 조금 누그러졌다. "언니 혼자 가면 쓸쓸할 것 같아서 데려다주고 싶다"라는 다섯째의 배려가 참 고맙게 느껴졌다.

다섯째야, 고맙고, 사랑한다. 너의 그 마음이 언니에게 큰 위로가 된단다.

두 시동생과 두 동서

오늘은 삼촌 두 분과 동서 두 분과 함께 점심을 먹고 배를 타는 날이었다. 며칠 전 둘째 동생과 배를 탔을 때 먹은 음식이 너무 맛있어서 이번에는 두 집식구에게 꼭 대접하고 싶어졌다. 그래서 둘째 동생의 딸에게 예약을 부탁했고, 점심과 뱃삯은 조카가 내고 나는 생색만 내는 셈이 되었다.

아침 5시에 눈이 떠져 단호박 수프와 치즈 수프를 섞어 먹은 후 샤워를 하고 화장까지 마쳤다. 잠시 누웠다가 11시에 카카오 택시를 불러 약속 장소로 갔는데, 다들 서울에 사시면서도 잘못 찾아 헤매느라 조금 지체되었다. 간신히 만나 승선 준비를 마치고 식사하러 갔다.

막내 동서는 평지를 걷는 것은 괜찮지만 계단을 오르는 것이 어렵다고 하셨다. 막내 동서가 그렇게 힘들어하실 줄은 몰랐기에 마음속으로 매우 미안했다. 그래도 네 분 모두 음식이 맛있다고 하셔서 다행이었다.

식사를 마치고 배를 타러 줄을 섰는데, 오늘따라 외국인 관광객이 무척 많았다. 우리와 같은 배를 탔고, 배는 미끄러지듯 출발했다. 며칠 전에 탔을 때와 똑같은 코스였지만 오늘은 낮이라 또 다른 느낌이 들었다. 낮에는 2층으로 올라가 갈매기에게 먹이를 주는 체험을 할 수 있는데, 외국인들은 모두 2층으로 올라갔다.

햇살이 강물 위로 반짝이는 모습이 참 아름다웠다. 막내 동서는 내 손을 꼭 잡고 소녀처럼 좋아하셨다. 하늘은 맑았고 햇살은 봄날처럼 따뜻했으며, 바람은 잔잔했다. 서울에서 이렇게 오래 살면서도 한강 유람선을 한 번도 타본 적이 없었다는 네 분은 오늘이 처음이었다.

유람선을 탈 때 선장님께서 나를 알아보시고 차림새가 예쁘다고 칭찬해 주셔서 기분이 좋았다. 유람선을 내린 후 내 숙소로 가자고 했더니 네 분 모두 함께 오셨다. 잠시 있다가 금방 돌아가셨지만 첫째 동서는 목도리와 장갑 선물을 주셨고, 막내 동서는 강정이 있다며 봉지에 담아 가져오셨다. 가시고 난 뒤에 보니 이불 안에 봉투도 한 개 넣어두었다.

저녁은 건너뛰었다. 문득 결혼 후 행복했던 순간을 떠올리자니, 첫째로 큰아들이 대학을 졸업하던 날이 떠오른다. 그날 막내 삼촌께서 갈비를 사주셨다. 다른 참석자들과 함께 먹었지만, 소갈비를 그렇게 맛있고 배부르게 먹어본 것은 처음이라 특히 기억에 남는다.

두 번째로는 작은아들이 결혼한 후 아들 부부와 함께 막냇삼촌 부부가 저녁을 사주셨다. 그날의 풍경이 아직도 생생하다. 해가 서산으로 기울며 산마루를 석양빛으로 물들이고, 아래로는 잔잔히 흐르는 강이 있었다. 강의 이름은 모르지만, 그 고요하고 평화로운 모습이 눈앞에 아른거린다.

팔은 역시 안으로 굽 더 라.

시누이에게서 전화가 왔다. 고모께서 가만히 생각해 보니, 고모보다 내가 더 오래 살았다며 말씀하셨다. 고모는 결혼 후 10년을 살았지만, 그중 3년은 고모부께서 군대에 계셨으니 실제로 함께 산 것은 7년밖에 안 된다고 하셨다.

고모는 그 후 정말 열심히 사시며 오순도순 지내셨는데, 그때가 고모께서 가장 행복했던 시절이었다고 하셨다. 하지만 고모부께서 제대 후 7년쯤 지나, 가을 추수를 끝내고 집단을 쌓아놓은 어느 겨울날, 가운데 집단을 뽑으시다가 그만 넘어지셔서 세상을 떠나셨다고 한다.

그 후 고모는 청춘에 아들 둘, 딸 하나를 키우며 시어머니와 시동생들까지 모시며 정말 고생고생하며 사셨다. 그렇게 억척스럽게 살아오시며 시동생들 결혼도 시키고, 시어머니 병간호도 하셨다. 두 아들은 대학을 졸업시키고 결혼까지 시켜 손자, 손녀들도 다 잘 크도록 뒷바라지하셨다. 고모의 체구는 나만 한데, 그 힘은 참 대단하시다. 해마다 김장 배추와 무, 된장, 간장 등을 챙겨주시는 것도 고모다.

하지만 내가 아프다 보니 연락을 자주 못 드렸다. 그런 고모께서 이번에 말씀하시길, 가만히 생각해 보니 내가 남편과 고모보다 더 오래 살지 않았느냐고 하셨다. 나는 이렇게 대답했다. "고모님, 결혼 기간은 더 길 수 있지만, 그래도 고모님은 자식을 얻지 않으셨습니까? 저는 자식이 없잖아요."

내 남편이 이렇게 말씀하셨다. "네 자식 낳으면 큰아들이 골병든다."라고 말씀하셨다. 옆에서 듣고 있던 큰아들은, "내가 자식을 낳으면 아버지의 돈을 같이 나눠 써야 하니 낳지 말라"고 덧붙였다. 고모께서 "희야, 잘 안 낳았다! 자식은 아무 소용이 없다. 두 아들한테 잘해줘라." 하시는데, 나는 그렇게는 못 할 것 같다고 대답했다. 그러자 고모는 손님이 온다며 전화를 끊으셨다.

전화를 끊고 가만히 생각해 보니, 우리 시누이가 참 욕심이 대단하다는 생각이 들었다. 어떻게 나한테 잘하라는 소리를 할 수 있을까? 아이들이 나한테 잘해주라고 해야 하는 것 아닌가? 그때 그 순간 이런 생각이 들었다. “이 집에서, 이 사람들과는 더 이상 살 수 없다.” 자식 문제로 어떻게 함께 살 수 있을까?

다음 날 넷째 동생을 불러내어 이혼하겠다고 이야기했다. 그러자 동생은 펄쩍 뛰며 말했다. “언니야, 결혼한 지 몇 년이나 되었나? 아니, 몇 달이나 되었는데 벌써 이혼이라는 말이 나오나? 언니가 우리에게 했던 말, 생각해 봐라. 제부 여섯인데 우리가 시댁에 어떻게 얼굴을 들겠나? 언니가 얼마나 성질이 못됐으면 시집간 지 석 달도 안 돼서 이혼했다는 소리를 듣겠나?”

동생은 절대 안 된다고, 결사적으로 참고 살라고 했다. 그러면서 “언니도 우리한테 참고 살라고 하지 않았나? 언니도 참고 살아라.”라고 덧붙였다. 그때는 그 말이 참 미웠지만, 사실 틀린 말이 아니라서 결국 내가 참기로 하고 조용히 지나갔다.

넷째네

오늘은 106동에 사는 제부의 생신이다. 그냥 모른 척하고 지나갈 수도 있었지만, 아침에 제부와 통화하면서 생신 축하 인사를 드렸다. 그리고 동생 편으로 10만 원을 보냈으니 저녁에 맛있는 것을 드시라고 말씀드렸다. 제부는 감사하다며 고맙다고 하셨다.

제부와 동생은 가까이 살아서, 당신이 입원할 때마다 많은 도움을 주었다. 제부는 내가 먹을 반찬도 챙겨주시고, 저녁에 퇴근 후 가져다주시곤 했다. 빨래도 동생이 다 해주었는데, 두 사람 모두 한마디 불평 없이 잘해주었다.

나는 107동에 살고, 동생은 106동에 산다. 동생도 잘해주지만, 제부가 더 잘해주는 것 같다. 교회에서 집으로 올 때마다 제부는 늘 “장모님”이라며 90도로 절을 한다. 그 모습을 보고 주변에 계신 분들도 덩달아 일어나 꾸

벅 절을 하신다.

제부는 페인트 전문 기술자였다. 몇 년 전 정년퇴직을 하셨고, 지금은 학교에서 일당을 받는 노동자로 일하고 계신다. 슬하에 두 아들이 있는데, 큰아들은 건축 도면 설계사로 일하고 있다. 결혼도 해서 딸 하나를 두었고, 조금 있으면 둘째도 태어난다고 한다. 작은아들은 전자 회사에 다니며 열심히 잘 다니고 있는 것 같다.

넷째네 가족은 교인이다. 동생도 처녀 때부터 교회를 다녔고, 제부 가정의 어르신들 역시 교인이다. 제부는 마누라 말이라면 무조건 다 들어주신다. 우리 집에 와서도 동생이 해준 반찬만 드시고, 내가 만든 것은 잘 드시지 않았다. 처음에는 그 모습에 화가 나기도 했지만, 요즘은 아예 동생 집에서 밥을 같이 먹는 일이 많아졌다.

당신이 떠난 뒤로는 저녁을 동생 집에서 먹자는 말에 안 갈 수도 없었다. 밥을 안 먹고 기다리니 결국 가게 되었다. 1월 6일, 그날도 동생 집에서 제부와 셋이 저녁을 먹는데, 이유는 알 수 없지만 내 눈에서 눈물이 멈추지 않았다.

제부는 안절부절못하며 내 눈치를 보았고, 나는 결국 숟가락을 내려놓고 울고 있었다. 그때 동생이 참다못해 한마디 했다. "언니야, 말을 해야 알지. 이렇게 해 달라든지, 저렇게 해 달라든지 말이 있어야 할 것 아닌가. 울기만 하면 어쩌란 말이고."

그 말을 듣고 나는 그만 일어나 집으로 돌아왔다.

집에 돌아온 뒤 큰아들에게서 전화가 왔다. 힘들다고 하며 울었더니 큰아들은 "잘 지내시더니 왜 그러냐?"라고 하고, 며느리는 "인제 와서 왜 그러느냐"고 했다. 나는 더 이상 말을 이어갈 수 없어 전화를 끊었다.

눈물이 멈추지 않는 가운데, 서울에 사는 조카에게서 전화가 왔다. 지금 힘들어서 그런데 제주도에 있는 친구 농장에 갈 수 있게 해달라고 부탁했더니, 조카는 바로 서울로 올라오라는 열차표와 한 달 살기 호텔 예약 표를 보내주었다.

그렇게 나는 마음을 추스르기 위해 조카가 마련해준 시간을 갖기로 했다.

셋째 동생

언니야, 건강은 괜찮고 잘 먹고 잘 지내다가 오란다. 셋째는 제부가 돌아가신 지 사 년이나 지났다. 주야 근무를 하시는데, 야간에 근무 마치고 집에 올 때면 동료들과 꼭 약주를 한 잔씩하고 오신다. 그날도 야간에 준비한다고 욕실에서 나오시다가 쓰러졌는데, 마침 딸내미가 교회로 바로 가는 날이라 너무 배가 고파서 밥 먹으려고 집에 들렀는데 아빠가 쓰러져 있으니 119를 불러 병원으로 모셨다. 중환자실에서 한 달가량 계시다가 일반 병실로 옮기셨고, 뇌출혈로 오른쪽 수족은 마비가 왔다.

셋째는 그 와중에도 아픈 환자를 데리고 일요일이면 교회에 나갔다. 오직 이 세상 사는 이유가 하나님 때문이라며 내 동생은 미련스럽게도 좋은 약은 다 해드렸고, 용하다 하는 데는 다 다니면서 침도 맞았다. 운전할 줄 아니까 자차로 움직이니 어디든지 다 찾아갔고, 가진 것이 별로 없어서 정말 은행에 집이 잡혀서 그렇게 했다. 쓰러지신 지 구 년 넘어서 폐암으로 돌아가셨다. 셋째는 교회에 다닌 지 어렸을 때부터였고, 크면서도 쭉 다녔다. 그런데 결혼할 때, 내가 그것을 대수롭지 않게 생각한 내 책임이 크다. 나는 내 상식으로는 처녀 때는 교인이라도 시댁이 불교면 그렇게 하는 것으로 생각했기에, 전혀 교회 때문에 부부 갈등이 있을 거라고는 생각하지 않았다.

시골에 그것도 종갓집 작은 며느리가 첫 아침 밥상에서 다들 수저를 들려 하는데, 기도하고 밥을 먹어야 한다며 하나님 아버지 감사합니다, 이렇게 맛있는 음식과 또 뭐라 뭐라 하면서 기도를 하니, 방 안에 계시던 시댁 식구들은 어이없어하시고, 중매를 우리 동네에 같이 사시는 분이 하셨기에 그분이 동생한테는 사숙모가 되셨다. 친척들 모임에 참석하셔서 동생을 감싸주시느라 중간에서 많이 애쓰셨다.

다음에는 안 해야 한다는 게 내 상식인데, 동생은 때때마다 하나님하고 앉았으니 시댁에서 작은 며느리 잘못 왔다고 제부에게 안 그렇게 하라고 시켰지만, 어디 동생이 말을 들어야지. 그러니까 자연히 제부랑 싸움이 되고 집에 한 번씩 올 때가 있었다. 그러면 동생은 울고 온 표시가 난다. 나는 속상하고 뭐라 말은 못 했지만 여간 보통 힘든 게 아니었다. 시댁에 제사는 안 가고는 안 되고, 가며 금식을 한다. 어른들이 보시기에 기가 찰 노릇이었다.

대구로 전세방을 얻어 살림을 따로 했는데 아들 하나 낳고, 둘이 알뜰하게 하여 오십만 원이란 적금을 넣었는데, 그 주인집 손자가 틈틈이 자기들 방을 뒤져서 돈이 없어진다고 동생이 몇 번 말한 적이 있다. 동생이 교회에 가니까 낮에 집을 비울 때가 있는데, 그날도 적금을 타서 마침 막 들어오는데 전하가 오길래 돈을 부엌 그릇 속에 넣어놓고 나갔다. 와 보니 돈이 없어졌단다. 오십만 원이란 그 큰돈이 동생은 "언니야, 제부 오면 뭐라 해야 하느냐고 걱정을 땅이 꺼져라 했다." 그런데 동생은 사실대로 말하지 못하고, 제부가 돈 어디 있냐고 물어도 대답을 못 했단다. 사실대로 하면 또 난리 날 것이 두려워서 그렇다고 한다. 그래서 제부는 교회 헌금 한 줄로 알고, 그때부터 동생한테 매우 심하게 했다. 매일 퇴근 때 술을 먹고 오고,

고함을 치고 그렇게 한 십오 년이 지난 어느 날 제부가 "처형요, 할 말 있어요" 하며 오십만 원이나 교회 갔다가 주었다고 말하기에, 나는 동생보고 아직도 말하지 않았느냐고 그게 이러저러했다며 말했다.

그 주인집 손자는 얼마 뒤에 또 다른 일을 저지르다 잘못되어 세상을 떠났단다. 제부네는 아파트 열세 평에 가게 되었다. 슬하에 아들 하나, 딸 하나 있는데, 딸은 돌아가시기 전 사위를 보며 연년생으로 외손자 셋을 보셨고, 아들은 제부 가시고 일 년 후에 며느리가 들어왔다. 셋째는 자식보다 나보다 더 먼저 챙기는 분이 계시는데, 그분이 바로 주 예수님이시다. 지금은 권사다. 봉사를 어떻게 하는지 자기 몸이 부서지도록 헌신하는데 나는 마음에 안 든다.

한 번은 도배를 갔는데 방 한 칸을 혼자서 하다 보니 종일 걸렸고, 다 하고 돈을 받아와야 하는데, 돈 줄 사람이 "아주머니, 제가 돈이 이것밖에 없는데, 우리 애들이 너무 통닭을 먹고 싶어 하는데 도배비 안 드리면 안 될까요?" 하더라. 그래서 동생은 "그러세요, 애들 통닭 사다 주세요" 하며 그냥 왔다. 자기도 열세 평 아파트 살면서 자기도 어린 애 둘이 엄마 오기를 눈이 빠지도록 기다리고 있는데, 온종일 일하고 빈손으로 돌아왔다. 정말 하느님같이 마음이 착한 건지, 어리석은 바보인지, 나는 분간이 안 갈 때가 많다.

요사이는 요양 보호사로 일하고 있는데, 사무실에서 제일 힘들고 다른 사람들이 꺼리는 곳에 동생을 보내는 것 같아 엄청 속상하다. 왜냐하면 동생은 교회 가는 날 아니면 얼굴에 화장도 안 하고, 립스틱도 안 바르고, 옷도 자기 편한 대로 입으니, 사무실에서 보기에는 좀 어리숙하게 보인다. 화장 좀 하라고 노래를 불러도 본인이 안 하니 어쩔 수 없다. 그래도 동생은 불평보다는 그 할머니들에게 기도와 정성을 다한다. 쉽게 말해서 조금은 자기 몸을 돌보면서 적당히 해야 하는데, 이놈은 미련한 건지, 정말 본인이 예수님 제자라고 착각하는지 그냥 주어진 일에 최선을 다한다. 고집도 다른 거는 다 양보해도 교회에 대한 그것만큼은 절대 양보가 없다. 새벽 5시에 일어나 준비해서 새벽에 교회 가서 기도하고, 상주에 가정집에 할머니들 돌봐드리러 세 집이나 돌고 나면 지칠 만도 한데, 돌아오면서 또 교회 가서 청소하고 기도하고, 맨날 지쳐 있는 모습이 나는 너무 싫다. 그래도 본인은 즐겁다고 하니 어떻게 할 방법이 없다.

또 서울 교인들이 모여서 구국 운동을 한다면서 서울까지 간다. 안 빠지고 간다. 내가 만나자 해도 자기 교회 일을 다 끝나야 하고, 수요일은 수요일 예배라고 또 동네 할머니들 모시고 운전해서 교회 간다. 정말 지극 정성이다. 전에는 우리 집에 오면 내 눈치 보고 꼭 기도하고 움직이는데, 이제는 나도 교회를 다닌다고 했고, 서울 오기 전에 교회에 갔더니 셋째나 넷째나 두 동생이 너무너무 행복해했다. 그럭저럭 하루가 가는 것 같다. 어둠이 어느새 내려앉고 건물마다 불빛들이 선명한 것은 어둠이 짙어졌다 고전하는 것 같다.

첫째 동생

2월 1일은 첫째 동생과 손녀랑 점심을 먹고 배 타기로 하였는데, 둘 다 호텔로 오라 해서 택시로 움직였다. 두 사람 다 너무 좋아했다. 세 사람 이렇게 밖에서 외식하는 것은 처음이라서 더 그러했다. 배도 탔다. 동생은 몸이 약해서 기껏 가본 곳이 제주도였기에 유람선을 타니 너무 좋아했다.

첫째는 우리 친정 가족을 위해 정말 많은 서러움과 배고픔을 당한 동생이다. 어머니께서 동생을 남의 집에 맡기면서 이 년 치 월급 조로 집 사정을 얘기하면서 돈을 받아서 중고 국수 빼는 기계를 사서 집에서 국수를 빼는 일을 하셨는데, 전기로 하는 게 아니고 전부 손으로 작업을 해야 했다. 어머니의 그 몸으로 그 작업을 다 하셨으니, 얼마나 팔이 어깨가 온몸이 다 망가져서 쓰지 못할 정도로 힘들었는지 모른다. 어머니는 그 일을 하셔야만 하셨다.

그 시절에는 농사하시는 분들이 밀 농사를 지어서 그걸로 국수 한 자루씩 해 다 놓고, 모심기나 들일 하실 때 새참으로 먹는 기쁨이 아주 많았던 시절이었다. 우리 집은 가난이란 게 갑자기 없어지지 않았다. 아버지 술은 계속되었고, 그다음 날 일 안 가시는 것은 다반사였다. 그러니 죽자 살자, 어머니가 국수 뽑아주고 품삯으로 겨우겨우 살아가던 시절이었다.

돈을 준 집에서는 동생을 따뜻한 방에서도 안 재우고, 연탄 창고 옆 작은 방에 칸막이를 만들어 이불 하나 주어서 그 추운 곳에서 자게 했다. 그 추위와 두려움 속에서 얼마나 떨었고, 얼마나 울었는지 아무도 모를 것이다. 동생은 어머니를 원망하며 그 시절을 살았다고 말했다.

전철 안에서

다행히 앉을 자리가 있어서 앉아가는데, 맞은편에 앉은 사람들을 바라보니 모두가 나한테 절하는 것 같다. 다 고개를 숙이고 열심히 핸드폰을 보느라, 어떤 사람은 엷은 미소를 머금고 있고, 다른 사람은 심각한 표정으로 연신 얼굴을 찌푸린다. 그 옆에 있는 사람은 나지막이 통화하면서 목을 뒤로 젖혀가며 웃음을 참는 사람도 있다. 유튜브를 보는 사람도 보인다.

그런데 신기한 것은 내릴 때 모두 잘 알고 일어나는 것이다. 신기하다.

조카와 조카사위

그러고 보니 정말 날짜가 얼마 안 남았는데, 정작 나를 이곳에 있게끔 해준 조카와 조카사위랑 한번도 식사를 못 한 거 같다. 큰아들이 전화가 와서 저녁 같이하자고 했는데, 내가 시간이 없다며 10일 설에 만나자 했다. 일요일이었다.

작은 며느리한테서 전화가 와서 저녁 먹자는데 안 된다고 했다. 큰애도 안 먹는다고 했는데, 하니 형님네랑 같이 먹으면 될 것 아니냐고 하길래, 그럼 두 집같이 먹자고 했는데 작은애가 데리러 와서 갔다. 저녁을 먹고 올 때는 큰애가 데려다주었는데, 왜 자기가 먹자 할 때는 안 된다고 하고, 작은애가 말하니 된다고 했느냐며 따지듯이 묻길래, 두 집같이 먹는다 해서 간 거라고 했더니 아무 말이 없다. 설날 만나기로 하고 애들은 갔다.

2월 7일은 조카사위 생일이었다. 나는 작은 케이크라도 하나 사주고 싶어 용산역 가까운 거리를 다 뒤져서 케이크 하나 준비해 놓고, 7일 저녁에 조카랑 조카사위랑 저녁 먹자 했더니, 조카가 일찍 와서 성수동 가자고 했다. 기왕에 밥값, 이모 집에서 팔아주자는 것이다. 성수동에서 저녁을 먹고, 조카사위가 호텔에 데려다주길래 나는 낮에 사둔 케이크를 선물로 주었다. 그래도 기분이 좀 좋았다. 아무것도 해줄 수 없는 것보다 그래도 내 성의를 보일 수 있어서 좋았다.

입춘이다

한강 나루터에 왔는데, 바람은 약간 불어도 그리 차갑지는 않다. 봄이라는 것을 느끼게 해주는 것 같다. 사람들도 많이 나오고 산책을 하며, 가족이 자전거 타기도 하고 아이 손잡고 다정히 걷는 가족도 있다. 다들 행복해 보인다. 강가의 수양버들은 연하디연한 연두색을 띠며 강바람에 흔들거린다.

오늘은 성수동이 점심 사달라 해서 또 한강 뷔페에 왔다. 밥 장사하는 놈이지만 그래도 나와서 내가 사주는 뷔페 먹으니 너무 맛있다고 호들갑을 떨면서 맛있게 잘 먹어 준다.

9일 새벽, 성수동이 전화가 왔다. 지금 석모도 미네랄 온천 가자고 했다. 나는 아직 영업하지 않을 거라며 그때 찍어온 사진을 보내주었더니, 그래도 꼭 언니 미네랄 야외 온천을 해주고 싶었다며, 다음에라도 한번 오시면 모시고 가겠단다. 말만 들어도 충분한 사랑을 느끼게 해주어서 고마웠다.

창밖에 도로와 강가에 건물들이 제각각 비치는 저 찬란한 네온사인 불빛 속에, 수많은 사람이 살고 있을 거고, 나 또한 집에 가면 내일을 위해 열심히 노력하며 살 것이다. 이제 정말 하나, 둘, 셋, 밤만 자면 집에 가는 날이다. 호텔 창 커튼을 젖히고 밖을 보니 불빛들이 너무 아름답다. 언제 또다시 이런 곳에서 이렇게 지낼지는 기약은 없지만, 그래도 올라온 것이 엊그제 같은데, 한 달이라는 날짜가 아니 숫자가 말해주는 것 같다.

친구들

이제 얼마 있으면 한 달이라는 시간이 다 간다. 나는 서울에서 살 때 같이 요리 배우던 동료들에게 전화했다. 같이 점심이나 하자고 했더니, 한 사람이 일해서 오후 세 시 넘어야 한다기에 그럼 이른 저녁이고 꽤 늦은 점심으로 같이 밥 먹자고 했다. 약속 장소를 한강 뷔페로 잡았다. 31일이다.

내가 시골로 이사 가도 서울에 올 적마다 만나서 저녁 먹던 동기들이다. 폐백 음식도 배웠고, 중식도 배웠고, 그때 모임을 만들어 아직 연락하는 사이다. 31일, 동료들을 만나니 너무도 반가워하며 안부를 묻는데, "당신이 하늘나라 가셨다" 하니, 다들 힘내라고 격려를 해주었다.

어떻게 음식을 먹었는지 모르지만, 어둑어둑해져서 헤어졌다.

생각도 못 했는데

막냇동생 딸들이 설이라 집에 가기 전에 나 보고 가려고 호텔로 오는 중이란다. 너무 반갑고 고마웠다. 같이 저녁 먹자고 했더니 집에 약속이 있어서 안 된다고 했다. 그래서 차나 한잔하자며 스타벅스 커피집에 들어가서는 큰놈이 내 선물이라며 주는데 화장품이었다. 얼마 전에 일본 출장 가느라 못 만났는데, 오면서 내 선물을 사 왔다고 주니 정말 고마웠다. 정말 미처 생각도 못 했는데, 막내아우 딸들 이어서 더욱이 가슴이 찡했다.

그렇게 애들은 가고 나 혼자 창밖을 보면서, 내일 집에 가면 열심히 살아야겠다고, 동생들에게 짐이 되지 않게 잘 견디자고 내 마음을 다시 다독여본다.

4
일상생활

안 보이는 장막

사람은 다 같은 사람이다. 그러나 생각이 똑같다는 것은 잘못된 것이며, 나와 생각이 다르다고 편견을 갖는 것도 잘못된 생각이다. 우리는 눈에 보이지 않는 장막이 있는 것처럼, 내가 그렇게 생각하는 것일까? 자기가 낳은 자식은 자기가 길러야 하고, 계 자가 들어가면 일단 남들이 먼저 경계하고 색안경으로 보게 된다. 다른 것은 사실이다. 왜 다른가 하면, 똑같을 수는 없으니까. 사람이 다르고 생각이 다르다면, 어찌 같을 수 있겠는가?

내가 너무 힘들었기에 배도 곯아 보았고 설움도 겪어 보아서 의지할 곳이 없어 남의 집 아궁이 앞에서 잠자는 그런 일은 동생들에게는 겪게 하지 않으려 최선을 다했다고 생각하지만, 그래도 동생들은 각자 나름대로 나에게 불만과 원망이 있을 것이다. 두 아들도 최선을 다했다고 생각하지만, 그래도 각자의 마음에는 불만과 원망이 있는 것도 사실일 것이다.

일흔이 넘은 나이에 의지할 데가 없다. 해서도 안 된다는 것을 나는 너무 잘 안다. 그래, 나 스스로 할 수 있도록 동생들에게 짐이 되지 않는 삶을 살려고 나는 오늘도 열심히 살고 있다.

당신의 흔적

이제 당신의 유산을 상속하는 날이다. 나는 비록 23평 전세에 살지만, 그래도 당신 연금이 백오십만 원이 나오니 10억 가까이 되는 서울 아파트는 두 아들이 나누어 가지라 했다. "나는 시신 기증 동의서"에 서명을 받았다. 어차피 한 줌의 재가 될 텐데, 한 줌의 재가 되기 전에 공부하는 학생들에게 기증하는 것이 낫다고 생각했다. 당신이 입원해 계셨을 때부터 이 일을 생각해 두었기에, 서류를 받아 와서 전에 한 번 서명해 달라고 했지만 안

해 주셨다. 그래서 이번이 아니면 안 되겠다고 생각하여 서명을 받아 놓은 것이다. 바로 다음 날 시신 기증 접수를 했고, 일주일이 지난 후 기증 확인 카드를 받았다.

서류에 도장들을 찍고 당신 옷을 정리하며 가는데, 둘째가 봉투 하나를 주고 갔다. 나는 속옷을 어떻게 할까 고민하다가 내가 필요하니까 스님을 찾게 되더라. 스님께 여쭈어보니 절에 소각장에서 태우라 하셨다. 물론 집에서 검정 비닐에 넣어 쓰레기통에 버리면 그만이지만, 그래도 태워질지 흙속에 묻혀서 오랜 시간을 보낼지 몰라 절에 가서 태워 드렸다.

당신의 흔적이 하나둘씩 집을 떠난다. 드시던 약은 전부 약국에 가져다주었고, 벽에 걸려있는 사진만이 그대로다. 사진 속에 당신은 그저 바라볼 뿐이다.

수영

수영을 배우는데 열심히 따라가려고 노력한 덕분에 강사님도, 안전 요원도 나보고 나이에 비해 잘 따라오고 있다고 말씀해 주실 때마다 기분이 좋다. 안전 요원은 나에게 엄지척해주며 잘한다고 해주시고, 강사님도 연세에 비해서 잘한다고 하신다. 그렇게 말해주니까 나도 더 잘하려고 노력한다.

처음 수영을 배우러 갔을 때, 수영이 끝나신 분이 신발장 사용하는 법을 가르쳐 주셨다. 조금 있다가 나처럼 초급반에 처음 오는 친구가 있어서, 내가 배운 대로 그 친구에게도 알려주었더니 고마워했다. 초급반에는 처음 온 오십 대 분들이 몇 명 있었는데, 그분들은 다 자가용으로 오시는데 집에 올 때는 꼭 자기 차로 태워 주셨다. 나는 고마워서 삼선자장면을 사드렸더니, 그다음 날은 야채 김밥을 사 오셨다. 그 후에는 내가 감자를 쪄 갔더니 그 친구는 샌드위치를 해와서 서로 잘 먹었다.

수영장에서는 남녀가 함께 운동하는데, 남자 중에는 젊은 친구도 있지만 오십을 넘긴 아저씨도 있다. 그분들은 좀 뚱뚱하지만 그래도 물에서 잘 뜨고 발차기도 잘한다. 나도 물에서 일자로 잘 뜨는데, 발차기가 늦다고 강사님이 발을 좀 빨리 차라고 지적하셨다. 초급반에서는 내가 제일 나이가 많은데, 젊은 친구들이 누구 할 것 없이 물속에서 내 손을 잡아주고 웃으며 대화를 나누어서 참 좋다.

수영 선수까지는 아니지만, 그래도 물속에서 움직이는 것이 건강에 좋으니까 조금이라도 더 움직이려고 나 스스로 노력한다. 오늘 오후에도 열심히 운동한 내가 좋다.

옛 친구

친구 얼굴 보고 5분도 지나지 않아 다시 집으로 돌아왔다. 이 친구는 이십 대부터 같은 직장에 다니며 알게 된 사람이다. 거의 오십 년 된 친구다.

결혼해서 애기가 안 생겨 이혼하고, 삼십 대 막 지나서 지금 사는 곳에 재혼했는데, 아저씨는 정말 착하고 좋은 분이셨다. 그런데 아저씨 바로 밑에 동생 부부가 애기가 없어서, 애기 하나 낳아주려다가 쌍둥이가 태어나면서 산모는 일주일 만에 세상을 떠났고, 쌍둥이 중 하나는 작은댁에서 키우게 되었다. 아저씨네 집은 아이들이 다섯 명이나 되었다.

처음 중매할 때는 아이 둘이라고 했는데, 막상 집에 인사차 둘러보니 처음에는 갓난쟁이가 있었고, 조금 지나니 '아부지' 하면서 하나가 들어오고, 또 조금 있으면 '아부지' 하면서 하나가 들어왔다. 결국, 다 들어오라 하니 애들이 다섯 명이 되었다. 갓 태어난 아기 분유 먹이랴, 그릇 전 가게 물건

팔랴, 시어머니 조석 챙기랴, 산에 나무하러 가고, 소 풀 뜯으러 가고, 밥해 먹고, 정말 열심히 했건만 학교는 안 가고 월사금은 그냥 다 써버리고 퇴학 당할 만큼 속 썩은 자식도 있었다.

그래도 그 자식들 다 출가시키고, 아저씨는 이십오 년 전에 돌아가셨다. 전처 자식이지만 어릴 때 키웠다고 그 아들이 그래도 효자다. 아프면 병원에 데려가고, 약도 타다 주고, 수술하면 며느리가 병간호를 다 해준다. 우리는 전화로 간혹 연락하지만, 얼굴을 본 지는 삼십 년이나 됐다. 또 친구가 몇 년 전만 해도 죽을 정도로 몸이 아파 많이 힘들어했는데, 요즘은 그래도 몸에 힘이 생겨 가게를 한다.

나는 생각에 친구가 죽은 뒤에 조의금은 내지 말고, 살아 있을 때 국이라도 한번 끓여 먹으라고 양지 국거리를 사서 갖다줬더니, 친구는 당신 조의금이라며 봉투 하나를 주었다. 가는 날이 장날이라서 장사가 되든 안 되든 그래도 바쁘기도 했지만, 나도 바삐 돌아올 수밖에 없었다.

사람이기에 아니

생각을 할 줄 아는 인간이기에 많은 것을 생각하기도 하고, 잊어버리기도 한다. 오월 햇살 아래 초목은 날로 푸르름을 더해가고, 어느새 푸른 숲이 되어 흙이 안 보인다. 매일 나오는 길이지만 날로 다르다. 내 생각도 날로 다르다. 어제 다르고, 오늘 다르고, 내일은 어떨까. 그래도 지난 일들도 생각하고, 먼 훗날도 생각해 보지만 아무것도 손에 잡히는 것은 없다.

가지고 싶은 게 있다면, 조금만 나이를 덜 먹었으면 하고, 하고 싶은 일도 많은데, 지금 내 나이가 아니 내가 참 안쓰럽다. 오늘도 병원 앞을 지나오면서 당신 모습이 눈에 아른거렸다. 부른다고 대답할 수 있나, 만져보고 싶은 손, 만질 수 있을까. 그래도 당신, 왜 살면서 그렇게밖에 우리 살 수 없었는지. 당신과 두 아들, 나 데려다 놓고 감시하느라 당신은 나한테 말 한마디 정답게 해주지 않았고, 사사건건 트집 잡고 짜증스러운 목소리로 나 달달 볶았잖아. 애들은 애들대로 나 감시하느라고.

당신, 조금만 나를 생각해 주었다면 이렇게 마음 아프지는 않았을 것을. 당신, 당신, 내 당신아. 내가 나를 살펴보니 어느새 할머니 중에도 상 할머니 같다. 몸이 언제 이렇게 시들어졌는지. 그래도 마음은 이팔청춘이라든 어른들의 말씀이 이제 실감이 난다. 생각은 움직일 것 같은데 몸이 안 따라주는 걸 나 스스로 인정하기가 싫다. 그러나 그것이 현실인데, 숲속을 거닐다 보면 듬직한 소나무에 등도 기대고 싶고, 손으로 만져도 보고, 쉬어가려고 그 그늘 밑에 앉아서 두 다리도 뻗어본다.

산책

더 자려고 해도 잠은 안 올 것 같아, 주섬주섬 옷을 챙겨 입고 밤사이 비도 많이 온다 했는데, 강물은 얼마나 불어있을까. 허리에 핸드폰 넣을 수 있는 작은 가방 하나 차고 신발 신고 현관문을 나서는 순간부터 다르다. 안에 있을 때는 바람이 전혀 없는 것 같았는데, 나오니 그래도 바람이 살랑살랑 불어주니 그 기분도 좋다.

바로 가면 오르막이 없이 편안하게 갈 수 있는 길이 있지만, 나는 고개를 오르듯 위로 아파트가 있어서 나는 그 길로 산책길을 택했다. 이유는 좀 숨이 차고 힘들지만, 그래도 후후 내뱉는 숨소리에 폐 운동이 될 거라 생각해서 항상 이 길을 걷는다. 오른쪽으로는 산이 있다. 산기슭을 좀 잘라서 도로를 쓰고 있다. 아스팔트가 잘 되어 있다. 왼쪽으로는 아파트가 있어서 아파트 담 위로 나무들이 많이 있고, 산기슭이다 보니 내 생각에는 산기슭을 잘라서 도로도 되고 아파트 담도 되고 그런 것 같다.

한참 오르막을 올라오면 약간 내리막이 있는데, 도로 끝까지 산 아래라서 숲이 우거져 있다. 왼쪽에도 나무들에 휩싸인 아파트가 있다. 그래서 초록이 좋아서 이 길로 다닌다. 다른 날 같으면 같은 장소를 몇 바퀴 돌다 집에 오는데, 오늘은 강에도 가볼 생각 하고 나섰다. 그런데 얼마 전에 누군가가 복권을 사서 이십억을 탔다고 하는 소리를 들어서, 오늘 새벽이지만 로또 파는 가게 문 열었으면 나도 살려고 돈도 준비해 왔다. 걸음이 생각만 해도 가볍다.

드디어 도로가 신호등이 빨간 불이라 멈추었는데, 옆에 로또 가게가 문이 열려 있고 사람들이 차를 길옆에 세워 두고 복권을 사서 나오는 것이었다. 나도 아침, 복권 사야지 하면서 가게에 들어가 복권을 구매했다. 바지 뒷호주머니에 넣어두고 강둑으로 갔다. 강물은 어제보다 많이 빠졌고, 강둑 밑에 부지런하신 분들이 봄부터 요번 비 오기 전까지 열심히 돌보고 가꾸어놓은 작물들이 빗물에 휩쓸려 진흙과 마른 풀잎들을 뒤집어쓰고, 그 무게에 못 이겨 옆으로 다 누워버렸다. 잘 자라던 참깨며 고추며 옥수수, 방울토마토, 상추, 고구마, 별별 걸 다 심어 놓으셨는데 도저히 못 견디겠다고 누워버렸다.

강둑을 저만치 가니 누군가 앉아 계시는듯한데, 할아버지인지 할머니인지 내가 두 눈으로 분간이 안 갔다. 눈이 많이 나빠졌다는 걸 느껴진다. 가까이 가니 할아버지께서 앉아 계시는 것이었다. "안녕하세요" 하고 그냥 지나가며 좀 멀리 갔다가 돌아오는 길에 도로 신호가 막 바뀌어서 바삐 건너오니, 할아버지께서 "빨리 걸어오시네요" 하셨다. "네" 대답하고 걸어오는데 이번에는 유월에 아침 산책길에 만난 아주머니셨다. 그분도 할아버지가 돌아가셨다면서, 지금 혼자 주택에 살고 있으니 언제든지 놀러 오라고 집 위치를 알려주시던 분을 만나 서로 안부 묻고 헤어졌다.

돌아와 아침을 먹으면서 복권을 꺼내 동전으로 긁어 보았다. 동전으로 긁기 전에는 이십억이라는 거금을 손에 쥐고 있는 것처럼 행복했다. 좀 고민도 되었지만 일단 긁어 보자고, 나오라는 이십억짜리는 안 나오고 본전에 반만 건졌다. 그래도 가지고만 있어도 행복한 상상을 하게 해준 것이다. 미련이야 없겠냐만, 그래도 잠시 동안 물거품 같은 꿈을 꾸었다.

내 생각은

가슴 설렌다고 사랑한다고 말하지 마오. 좋아한다고 결혼하지 말고. 성격 차이라 이혼하지 마세요. 더더욱이 외롭다고 재혼하지 마세요.

모든 선택은 본인이 할 것이며, 그 선택은 분명히 책임이 따르는 법. 그 선택에 책임질 수 있을 때, 그때 사랑한다고 말하세요.

병원 다녀왔는데

기분이 영 내려앉았다. 에스컬레이터를 타고 가면서 엘리베이터 안을 보니 휠체어에 할아버지가 앉아 있었고, 뒤에서 휠체어를 밀고 있는 사람은 아내분 같았다. 그 모습을 보니 내 당신 생각이 났다. 나도 저렇게 밀고 다녔는데, 나는 병원을 가면 엘리베이터를 사용하지 않는다. 이유는 나보다 더 급한 환자와 움직임이 불편한 분들에게 조금이라도 도움을 드리기 위해 나 스스로 배려하는 마음에서 절대로 엘리베이터를 타지 않는다.

그러나 이 병원 곳곳은 당신이 안 가본 구석이 없다. 화장실을 각 층마다 다 갔었고, 휴게실도 가봤고, 진료 보러 올 때는 지하 1층에서 점심도 먹었고, 청진동 순두부가 우리 메뉴였다. 버스를 타고 지나오는 길, 사거리에서 좌회전을 해야 집으로 오는데, 좌회전하는 장소 옆에 당신이 계셨던 요양병원이 있어서 지나가고 올 때마다 당신 모습을 지울 수가 없다. 그래서 병원 갔다 오는 날은 더 힘들다.

어버이날이다

작은 며느리 전화가 왔다. 반가웠다. 이런저런 이야기를 하다가 끊었다. 오늘 산책을 두 번 갔다 왔다. 특별히 할 일이 없어서 그냥 컴퓨터만 가지고 놀 것 같아 산책하러 나갔다. 삼천 보가 조금 넘길래 오후에 다시 나가서 만이천 보를 넘겼다. 저녁에 숙이가 저녁 먹자고 해서 내려갔는데, 저녁을 먹고 나서 제부가 봉투를 하나 주길래 받아왔다. 돈이 많고 적음을 떠나, 챙겨준다는 것이 고마웠다. 막내 제부도 용돈이라며 통장으로 바로 넣어 주었다.

오늘은 어버이날이라 수입이 괜찮았다. 그런데 다리가 아파서 좀 불편하다. 밤에 비몽사몽으로 당신 꿈을 꾸었다. 하룻밤에 두 번이나 보았다. 하늘나라에서 잘 지내시기만을 바랄 뿐이다.

인천 제부가

전번에 보내준 꽃게가 알이 덜 차서 먹을 게 없다고 말했더니, 오늘 새우를 육십 마리 보내왔다. 우리 네 집에서 열다섯 마리씩 나누어 먹기로 했다. 양산에도 전화해서 올라오라고 하고, 화야도 퇴근할 때 들려서 가져가라 했다. 숙이는 낮에 같이 가오리찜을 시켜 먹고 가면서 새우 열다섯 마리하고 수박도 좀 가져갔다. 또 양산은 세 마리를 소금구이한다고 해서 조금씩 맛보고 바로 갔다.

나는 눈에 좋다고 먹으라고 한 루테인 사러 안과 뒤편에 있는 정약국에 가서 삼만오천 원짜리 두 통을 사서 다시 시티병원에 들러서 박 원장님한테 약을 받았다. 그럭저럭 지낼 만하다 했더니, 다행이라면서 약 처방을 해주셨다. 가만히 처방전을 읽어보니 어지럼증도 있고, 이명 약도 있고, 아스피린도 있고, 머리 영양제도 있고, 특히 신경 안정제가 있어서 안 먹으면 안 되는 약이라서 꼭 타러 간다.

동네 부근에도 병원은 있지만, 의사가 바뀌면 약이 바뀔까 봐! 그래도 다니던 곳에 간다. 새벽에 운동장을 몇 바퀴 돌아야 하는데 버스를 타고 가는 길이 멀어서 운동하러 가지 않았다. 산격동 그 동네를 가는데, 시티병원에 휠체어 밀고 다니던 그 길인데 정신없이 바쁜 하루인 것 같다.

내가 살던 집

이십칠 년 만에 내가 살던 동네를 찾아갔다. 동생 시 숙모께서 너무 반갑게 맞아주셨고, 박 형사 댁 형님도 반갑게 맞아주셨다. 눈물이 소리 없이 하염없이 흘러도 닦을 생각을 안 하고 그대로 흘렸다. 한 번씩 안아도 보고 눈물도 같이 흘려보았다.

점심은 셋째 동생 시 숙모께서 사주셨다. 나 고기를 잘 안 먹는다고 했더니 돌솥 밥을 사주셔서 땀을 흘리며 맛있게 먹었다. 그래서 아직 저녁 생각이 없다. 내가 살던 그 집에도 가보았다. 주인 없이 비어있는 것으로 보였고, 집도 내 마음처럼 나를 보고 싶었는지 살짝만 보여주고 나뭇잎들이 많이 가려져서 다 보지는 못했다.

그 집을 지을 때 동생들과 함께 셋방살이를 안 하려고, 원래는 그 앞집에 세를 살았는데 그 집 뒤에 터가 있어 그때 돈으로 칠십만 원을 주고 터를 사서 슬레이트, 집을 지었다. 그런데 그 터 주인이라면서 나타난 사람이 형님의 땅을 동생분이 나한테 판 것이었다. 그러니 형님이 화가 나서 땅 이전을 안 해주고, 꼭 하고 싶으면 다시 형한테 칠십만 원을 주고 땅을 내 명의로 할 수 있었다.

그 밑에 길도 칠십만 원인가 주고 목재상 할아버지에게 길을 샀는데, 갑자기 할아버지가 돌아가신 뒤 길이 표시되지 않아 아들한테 가서 다시 샀다고 했다. 그러나 끝내 그 길은 없어졌고, 지금 사는 사람은 바로 옆 도로가 생겨서 그 길로 다닌단다.

부모님도 안 계시고 일가친척도 의지할 곳 없이 정말 힘들게 살았다. 집터를 판 동생분은 동네에 소문이 나서 형과 동생이 두 번 같은 땅을 나한테 팔았다는 소문 때문에 나를 더욱 미워했다. 수돗물도 자기들 먼저 받고 호스로 받기로 했는데, 자기들 다 받고 호스 연결은 안 해주어 밑에 집 우물물로 길러다 먹었다. 하루는 밑에 집 주인아저씨가 자기 담벼락을 호수 들어갈 정도로 뚫어주셔서 수돗물을 먹을 수 있었다. 나는 그 고마움을 아직도 생각한다.

그때 나는 하청업체에서 전자제품 공장에 다니고 있었다. 저녁에 퇴근하고 오면 동네 반장 집에서 "이모야 밥 한술 먹고 가라. 어제 제사 지냈다" 하시며 밥을 주셨고, 길 건너 집에서도 "이모야 밥 먹고 가라" 하며 열무김치에 밥을 주셨던 분들이었다. 갑자기 무슨 일이 생겨 돈이 필요하면 "형님, 얼마 좀 빌려주세요" 하면, 마치 맡겨둔 것처럼 두말없이 빌려주셨던 분들이었다. 그런 이웃 덕분에 내가 견딜 수 있었다는 것을 나중에야 알았다.

한 번은 연탄가스로 정신이 흐릿할 때 반장님이 "어제 고물로 비누 바꿔 놓았다고" 나를 부르셨는데, 그 소리 듣고 밖에 나가긴 나갔지만, 그만 팽 돌아 반장님 앞에서 쓰러졌다. 반장님은 나를 방에 다시 눕혀놓고, 뒤에 이모가 간질병이 있는지 "이러저러해서 뉘어놓고 왔다"라고 하시니 아지매가 국물김치를 갖고 와서 김칫국물을 마시게 해 주셨다. 정신을 차렸다. 살 운이라서 그랬는지 조금만 늦었으면 아찔할 뻔했다.

지난날 생각에 눈물이 핑 돌았다. 그 힘든 시절을 어떻게 살았는지, 다 좋은 이웃 덕분이다. 이 집에서 둘째부터 막냇동생까지 결혼시키고, 나도 결혼했다. 목에 무엇이 걸린 듯 목구멍이 말이 안 나올 정도로 꽉 막혀옴을 느꼈다. 날씨도 비가 온다고 했는데 내가 올 때까지는 안 왔고, 지금은 빗방울이 조금씩 내리기 시작했다. 그래서 사람은 진실로 사람을 대하며 살아온 나의 흔적을 본 것 같다.

비가 오는데

비가 사부작사부작하면서 오고 있다. 밖에 나가지 못하고, 가만히 생각해보니 그래도 내 당신이 내 손을 잡고 이만큼 이끌어주셨던 것 같다. 미움이 감사하는 마음으로 바뀌어 가는데, 너무 많은 시간이 흘렀던 것 같다.

살아 있을 때 나는 감사한 마음을 가졌으며, 당신도 나에게 사랑한다는 말이라도 해주었더라면 얼마나 좋았을까. 하루하루가 참 많이 힘들었고, 정신적으로나 육체적으로나 마음으로나, 어디 한 곳이라도 정이라는 것을 느끼지 못할 만큼 힘들었다. 나는 오직 당신 하나만 일으켜 세우려고 애썼다.

남들이 다 헬스장 가자고 해도 나는 당신과 함께 걷는 것이 좋다고 안 갔고, 그 많은 사람이 가는 노래 교실에도 가지 않았다. 당신과 함께 걷기 위해서였다. 이제 뒤돌아보니 잘한 것 같기도 하고, 못한 것 같기도 하다.

때 깔 나게

전화가 왔다. 점심 먹고 운동하면서 전화하는 중이란다. 부추전과 반찬이 많았는데, 기억이 안 난다. 그래도 잊지 않고 전화해 주는 성의가 고마웠다.

나는 병원에 가서 전번에 비뇨기과 선생님을 찾아간 이야기를 해주었다. 그 선생님은 친절하게 잘 봐주신 분이라서 냉커피 두 잔을 들고 찾아가 인사했는데, 선생님께서 하시는 말씀이 "할아버지가 가셨으니 이제부터 때깔 나게 잘 살라"고 하셨다. 그 말이 어쩐지 이상하게 들렸다고 했다. 그 선생님을 생각하면 "때깔 나게"라는 말만 기억날 것 같다.

오늘 다리가 땅겨서 정형외과에 갔는데, 선생님께서 삼 주 약을 주시면서 삼 주 후에 다시 보자고 하셨다.

새벽에 운동장을 맨발로 걷는데, 어떤 아주머니께서 나보고 "맨발로 걸으면 병균이 옮을 수 있으니 신발 신고 걸으라."라고 일러주고 갔다. 요사이 새벽에 그냥 누워서 뒹굴지 않고 바로 일어나 학교 운동장을 돌고 온다. 그러면 한 오천 보 정도 걸어지고, 나머지는 저녁 먹고 몇 바퀴 더 돌면 만 보 가까이 된다.

조용히 혼자 살아가는 법을 터득 중이다. 동생들에게 짐이 되지 않게 내가 나를 돌보면서 죽는 날까지 건강하게 살려고 노력하는 중이다.

자유 수영

화요일, 목요일, 토요일은 두 시에서 네 시까지 자유 수영 시간이 있다. 오늘 처음 갔는데 입장료는 1,300원이었다. 정식 수업 시간에는 한 45분 정도 하고 마쳐지는데, 오늘은 두 시간 동안 자유롭게 연습할 수 있어서 좋았다. 나름대로 집에서 연습했지만, 막상 물에서 연습하니 기분이 좋았다. 선배분들이 이렇게 저렇게 자세를 알려주셔서 좀 도움이 되었다.

자꾸 노력도 하고 물도 마실 각오도 필요한 것 같다. 그래도 남들이 나보고 물에 잘 뜬다고 하니, 그걸로도 위로받는다. 육체적으로는 안 되지만 마음만으로는 되는 것은 없다. 마음은 금방 할 수 있을 것 같은 자신도 있고, 전날 연습도 하지만, 막상 수업 시간에는 실전에서 잘되지 않는 게 사실이다. 강사님은 그런 내가 안쓰러워 자꾸 눈길을 주시는 것 같다.

다음 달에는 아쿠아를 신청했다. 지금 내 나이에 선수를 할 것도 아닌데, 구태여 힘들게 스트레스를 받을 필요는 없을 것 같아 그렇게 하기로 마음을 바꾸었다.

무엇인지 는 모르겠는데

마음이 좀 초조한 것 같다. 원고를 보낸 것도 그렇고, 애들과의 문제도 그렇고. 이제 정말 남으로 살아야만 하나? 그래도 모른 척 눈감아주어야 하나? 끝없이 기다려 주어야 하는지 도대체 감을 못 잡겠다. 그래, 하고 싶은 대로 해봐라. 오늘 하루를 끝내면서 자판을 두드린다.

뭔지는 모르겠는데 마음 한구석에서는 눈물이 맴돈다. 무엇이 서러워서 그러는 것일까? 이때까지 살아온 나 자신이 누굴 위해 살았고, 무엇이 남았는가? 칠십을 훌쩍 넘긴 나이에다 여기저기 온몸이 병원 다니느라 볼일 보며 살아온 몸이 되었는데, 앞으로 과연 어디에다 기댈 것인가, 누구를 의지해서 살아갈 것인가를 생각하니 마음이 초조해하는 것은 당연한 것이 아닌가.

옛날에 어머니 말씀

우리 엄마가 하신 말씀 중에 "자식은 아비가 있어야 하고, 여자는 남편이 있어야 한다." 드니, 지금 내 신세가 그런 것 같다. 아파서 병석에 누워있을 때와 돌아가시고 안 계신 지금을 생각해 보니, 그래도 누워있어도 있으니까 끼니를 챙겨 드리고, 나도 먹고 했는데, 지금은 끼니를 거를 때가 많다. 그런데 몸도 그동안 지칠 대로 지친 데다가, 내 몸이 아프다고 편히 쉬어본 적이 없어서 몸이 영 안 돌아간다. 그래서 요사이 병원을 많이 가는 거다.

육체는 그렇다 치고 마음이 문제다. 누굴 위해 살았냐고 묻는다면 할 말이 없다. 의지할 데도 기댈 데도 없이 늙은 몸뚱어리 가지고 하루하루를 살아야 하는 내가 너무 싫은데, 그렇다고 꼴깍 죽고 싶지도 않다. 나도 이 세상에 왔다고 가는 길목에서 뒤돌아보면서 쉬어가고 싶다. 미련이나 후회나 어찌 없겠느냐마는, 다 부질없는 욕심이고, 잡히지 않는 망상이라는 걸 나는 알고 있다.

내가 나한테 잘하자

며칠 전 쓴 글이 아차 하는 순간 어디로 사라졌다. 아무리 찾으려 해도 못 찾아서 마음과 기분이 모두 심각했다. 도무지 회복이 안 되어 성경도 못 읽었을 정도로 심각했다. 그런데 오늘 뜻하지 않게 엉뚱한 곳에서 찾았다. 그래서 기분이 좋아졌다.

고스톱도 하고 광고도 보고, 오늘 소고깃국을 끓였다. 모래 내시경을 해야 하니까 밥을 좀 잘 먹고 몸도 덜 힘들어지려고, 오늘 저녁부터 밥에 국하고 먹을 것이다. 황창연 신부님 말씀이 "내가 나한테 잘해주어야지, 남이 잘해주기를 바라지 말라"는 말씀과 "지금 나한테 잘해야지, 나중에 잘하려고 미루지 말라"는 말씀이 나를 많은 생각을 바꾸어놓으셨다.

왜 이리도 마음이 나약한가. 조금만 바람이 불어도 몸이 움츠러들고, 서서히 어둠이 오면 마음이 무서움을 느낀다. 잘 때는 어김없이 작은 스탠드 불을 켜고 잔다. 내 옆에 아무도 없는데 그래도 옆으로 손을 뻗어본다. 당신이 내 손을 잡아줄 것 같아서….

모니터 새로 구매했다

오늘 컴퓨터 기사님이 오셔서 좀 많이 가르쳐 주셨다. 고스톱도 하고 글도 쓸 수 있고, 무엇보다 내가 직접 돈 주고 사서 하니 이렇게 편한 것을 그동안 우물 안 개구리처럼 살았던 건 아닌지, 아니면 거지같이 건성으로 살았던 건 아닌지 다시 나를 돌이켜 보았다. 아는 것이 얼마나 큰 힘인지도 알게 되었다. 부지런히 열심히 노력할 셈이다.

지구대

한참 지난 일이다. 그날 큰집에 제사가 있어서 당신과 함께 가는데, 지하철역에서 내려 큰집에 가려고 택시를 탔다. 내릴 때 핸드폰을 옆에 두고 카드로 계산만 하고 그냥 내린 것이다. 몇 발자국 가다가 핸드폰을 찾으니 택시 안에 두고 내려서, 다름에 가까운 지구대에 들러 사정 이야기를 하니, 근무하시던 분이 영수증에 있는 번호로 전화해서 택시 기사 휴대전화 번호를 알아내서 기사님에게 전화하셨다. 그때 기사는 우리 내린 뒤 바로 손님이 탔고, 그 손님들이 내리면서 핑크빛 핸드폰을 가지고 내렸다고 했다. 그 손님이 내린 곳이 지구대에서 그리 멀지 않은 곳이었다.

지구대 근무하시는 경찰 아저씨는 내 핸드폰에 전화하셨고, 한참 만에 전화를 받아서 위치가 어디냐고 묻고 바로 순찰차를 갈 거니까 핸드폰을 보내달라고 하셨다. 그분은 가까운 곳에 있는 순찰차에 핸드폰을 받아 오라고 하셨다. 하지만 내 핸드폰을 가져간 사람은 내가 와야 핸드폰을 준다고 하며 그냥 기다렸다. 지구대 대장 되시는 분이 택시 안에서 남의 물건을 가져갔기 때문에 지금 바로 돌려주지 않으면 곤란하다고 하시며 순찰차를 다시 보내고, 당신과 나는 다른 차편으로 그곳에 가는 도중에 핸드폰을 받아왔다. 결국 핸드폰을 찾아주셨고, 감사하게도 큰집까지 태워다 주셨다.

감사하다는 인사는 했지만, 다음에 갈 때 음료수라도 하나 사 들고 인사하려고 했었지만 끝내 그날 이후로 감사하다고 인사를 하지 못했다. 큰집이 다른 곳으로 이사를 하였기 때문에, 지금도 길가에 파출소나 지구대라는 글만 보아도 그때 일이 생각난다. 정말 민생을 위해 애쓰신다고 속으로 감사한 마음을 가지게 된다. 나 스스로 생각해도 순간 판단으로 서울에 가서 핸드폰을 찾아온 사람은 아마 나밖에 없을 거다.

솔직한 마음

내 앞에 흐르고 있는 이 강물은 어디로 가는지 알고 흐를까?

빗방울들이 모여 산기슭에 낮은 데로 구르다가 보니 이 골짝, 저 골짝에서 모여 개울물이 되고, 개울물들이 만나 계곡을 이루고, 계곡물들이 만나 강을 이루면서 사람에게 필요한 물이 되기도, 때로는 우리에게 무서운 상처를 주기도 한다. 강물은 도착지를 찾아서 흐르는 걸까? 그냥 가는 걸까? 나는 내일을 위해 살고 있는데, 아니, 나중보다는 지금 당장 살기 위해 살고 있는데 살아왔고, 이제 저 앞산을 넘어가려는 해님처럼 갈 날이 얼마 남지 앉았는데 지난 삶이 너무 허무하고 아픔을 견디기 어려워서 일어설 힘조차 없다. 왜 진작 몰랐을까? 내가 미련하기 때문인가, 그때는 몰랐는데 더 많은 시간이 지나야 알 것 같다.

아무도 없다. 정말 내 곁에 아무도 없다. 눈시울이 젖을 정도로 외로움을 느낀다. 저 강물은 어디로 저렇게 소리 내며 흐를까? 혼자라는 게 이렇게 쓸쓸하다는 것을 예전에는 생각도 못 했는데, 정말 으스스함과 외로움, 서글픔이 가슴을 울린다.

오늘따라 왜 저리 달이 내 눈에 들어오는지, 저녁을 먹고 얘들이 커피집 가자며 정관이란 곳을 가는데 창밖을 보니 반달은 조금 지나 음력 팔월 십일이라 보름달은 못 되었지만 그래도 내 눈에 들어온다. 누워 계시는 당신을 일으켜서 달님 보라고, 그저 당신 건강 지켜달라고 빌고 또 빌었는데, 이제 당신은 가고 안 계시는데 나는 저 달 보고도 뭐라 말할까? 그저 당신 생각만 할 뿐이다.

나는 태어나면서부터 내 보금자리는 없었을까?

작디작은 참새도 둥지가 있고 알을 품어 새끼를 기르고, 개구리도 알을 낳아 올챙이를 키우는데, 나는 왜 없을까? 동네 어르신들이 나중에 후회한다고 하셨다. “길 가는 소하고 새끼 낳든지 절에 자식이라도 네 자식 있어야 한다.”라며 말씀하셨는데, 나중에 그 자식이 엎어버릴지언정, “네 자식 꼭 낳아라.”라고 하셨던 말씀이 새삼 생각이 난다. 지금 이 나이에 후회될 줄 알았으면, 생각을 못 했다. 내가 힘들어 보였기에 내 동생들한테 서운함이 남지 않도록 나 하나 참고 희생해서 동생들이 잘 살 수 있다면 그렇게 생각했었는데, 지금은 조금 후회가 되고 아쉬움도 남아있다는 게 내 솔직한 마음이다.

혼자 산다는 게 이렇게 힘든 줄 몰랐는데, 당신이 먼저 겪어보아서 내가 힘들까 봐! 그래서 "나 죽으라."라고 하신 거 아닌가 하는 생각이 많이 든다. 예전에는 그런 생각조차 못 했는데, 사는 매 순간 당신이 떠오른다. 진작에 담배를 줄이고, 힘들어도 한 발자국, 한 발자국 움직였으면 얼마나 좋았을까?

기다림

기다림이란 참 잔인한 것 같다.

무작정 기다림도 있고, 한정된 시간 속의 기다림도 있으며, 혹시나, 아니 행여나 애타는 기다림도 있다.

나는 한정된 시간 속에서 기다리면 되는데, 그게 하루 가고 이틀 가고 날이 갈 때마다 애가 탄다.

너무 기대했나, 아니면 너무 경솔했나? 시간은 얼마 안 지난 것 같은데, 마음은 까마득히 오랜 일처럼 느껴지는 것은 왜일까?

기다림이란 많은 인내가 필요하다. 나는 내 생각에 생각나면 바로바로 결과를 원한다. 그게 나이기에. 그런데 기다림이란 것이 앞을 막으면 참고 또 참고 기다리는 그 시간을 인내하는 힘이 약하다. 그런 사람을 성격 급하다고 하는데, 나는 참아내고 기다리는 인내가 부족한 것이다. 이제 그걸 알았으니 인내라는 걸 하도록 노력해 봐야겠다.

온다고는 하더니 비는 오지 않고, 하늘은 해님과 구름이 실랑이라도 하는 것처럼 선선하게 바람이 불었다. 그러다가도 쨍쨍한 해님이 나를 볶아대니 정신을 못 차리겠다. 그래도 어쩔 건가, 하늘이 하는 일을 내가 순응하며 받아들여야 하는 것을 잘 알기에.

수영 시간은 열한 시인데, 좀 일찍 오는 편이다. 왜냐하면 셔틀버스를 타고 오면 샤워실에 들려서 바로 수영장으로 가야 하기에 내 몸이 바쁜 것 같아 조금 일찍 와서 이렇게 바람과 짙어져 가는 초목들을 보며 내 눈도 좋을 것 같고, 나도 한적하니 좋아서 집에서는 더우니까 여기는 에어컨만큼이나 바람이 시원하다.

별난 사람

수영장을 가려고 셔틀버스 타는 곳에 나갔는데, 두 사람이 먼저 와서 이야기하고 있길래 "안녕하세요" 하고 인사를 하니 한 사람은 대답해주고, 그 옆 사람은 말이 없다. 그래서 나는 다시 "계량 한복이 예쁘네요."라고 말했더니, 그분은 "이거 계량 한복이 아니고 자기가 감을 떠서 만든 옷"이라고 한다. 그러면서 병원 이야기를 하길래, "어디 병원인데 그렇게 잘 보시느냐"고 다시 물으니 대답을 안 해주고, 옆 사람이 대신 말해주었다. 나는 돌아서면서 '별난 사람'이구나 하고 생각하며, 두 번 다시 말하지 않고 앞으로는 아는 척도 하지 않으려고 마음먹었다. 황창연 신부님이 하신 말씀, "그런 사람은 내가 상처받으니 모른 척하라"라는 말씀이 생각났다.

바람이 제법 불어준다. 다행히 해님도 구름에 들어가서 볕이 없으니 더 시원함을 느낀다. 매일 밤 장마가 온다고 안내 문자가 뜨는데, 내가 간사한 걸까? 더우면 덥다고 투정을 하고, 비 오면 눅눅하다고 투정을 하며, 어느 장단에 맞춰야 할지 모르겠다. 계절을 보고 내게 맞추라는 게 말이나 되는 소리인가? 더위 때문에 내 이마에 땀띠가 생겼다.

밖에 나가니까 바람이 좀 불어주고, 무엇보다 사방이 녹색이라서 푸른 잔

디와 나뭇잎들이 내 눈을 맑게 해주는 것 같아서 좋다. 수영을 배우려고 체육관에서 젊은 사람들 속에서 따라쟁이처럼 하려니, 내 체력에는 한계가 있는 것 같다. 집에 가면 해삼처럼 퍼져서 누워만 있고 싶고, 꼼짝하기 싫다. 아침에도 갈까 말까 이리저리 망설이다가도, 시간만 되면 가방 챙겨 나오는 내가 신통하다. 날씨가 장마철인데도, 아까까지만 해도 햇볕이 따가워서 찡그렸는데, 지금은 해님이 구름 속에 잠시 숨어서 하나도 안 덥고, 집에서 선풍기 틀고 있는 것보다 나오길 잘했다.

내 삶은 내가 원하는 방향으로 한 번도 가지 않은 것 같다. 저쪽 하늘에 검은 구름이 몰려오고 있다. 잠시 후 비가 오겠지. 어떨 땐 생각지도 못한 바람이 불고, 어떨 땐 뭉게구름이 내 마음을 흔들며 가고, 스치는 바람 또한 나를 흔든다. 마음의 갈피를 못 잡는 내게 정신 차리라고 하듯, 그것도 잠깐뿐이다. 내 마음은 아직도 그냥 저 하늘만 바라볼 뿐이다.

도토리

앞산을 바라보니 가을이 왔다는 게 느껴진다. 도토리와 나뭇잎들이 제법 진하게 주황색으로 물들었다. 9월 말에서 10월 초순쯤 나는 도토리를 줍기 시작했다. 산기슭에 양옆으로 도토리나무들이 나를 유혹했다. 전에 서변동에 살 때는 도토리를 너무 많이 줍다가 시장에 판 적도 있는데, 도토리를 많이 먹으면 감기에 안 걸린다는 소리를 들은 적이 있어서 해마다 도토리묵을 만들어 이웃과 나누어 먹기도 했다. 그런데 올해는 당신도 안 계시는데, 요놈의 욕심인지 도토리나무의 유혹을 뿌리치지 못하고 운동도 할 겸 산기슭에서 한 줌씩 도토리를 주워다 모았다. 베란다에 죽 펴 놓고 보니 눈도 즐겁고, 모여가는 것이 보기에 흐뭇해서 하루는 마음먹고 도토리를 주우러 가기로 했다. 작은 가방을 메고, 소매 긴 남방을 입고, 모자도 쓰고 마스크도 썼으며, 양손에는 고무장갑을 끼고 도토리를 주우러 갔다. 발걸음도 가벼웠고, 마음은 이미 가방 가득 도토리를 주운 것 같은 기분이었다. 처음엔 길가에 서서 주웠는데, 한 걸음, 한 걸음 조금 더 산속으로 들어갔다. 산속이라고는 하지만 남자 발걸음으로 스무 발 정도만 되어 나는 꽤 깊이 들어온 느낌이었다. 아직 다른 사람이 주운 흔적이 없어 제법 많이 주운 느낌이 들어 돌아오는 길에, 맞은편에 길에서 열 발자국만 올라가면 큰 도토리나무 세 그루가 보인다. 얼마 전에 여기서 제법 알맹이가 굵은 도토리를 주웠기에, 그날도 그냥 지나치지 않고 가방을 맨 채 올라가 보니 도토리 몇 알이 보여서 가방을 내려놓고 고무장갑은 벗고, 마스크도 벗고, 맨손으로 줍기 시작했다. 그런데 저쪽 응달에 몇 알이 보였다. 나는 조심스럽게 나무 옆으로 들어가 도토리를 주웠는데, 아까처럼 나무 밑으로 왔으면 좋았을 텐데, 바로 마른 나뭇가지가 좀 쌓여 있어 풀같이 돌아왔으면 좋겠다고 생각했지만, 의심하지 않고 마른 나뭇가지 있는 대로 왼발을 내딛는 순간 깜짝 놀라 그 자리에 쓰러질 뻔했다. 말벌 떼가 "왕"하며 솟아오르는데 움직일 수가 없었다. 완전 무방비 상태였는데, 벌들이 온 사방을 날면서 나를 이리저리 찌르기 시작했다. 가방에는 새카맣게 앉아 있는 벌들이 있었다. 나는 조심스럽게 살살 발을 옮기며, 지팡이와 가방을 끌어내어 그 상황을 피하고 돌아오는데, 아까 맞은 벌침 때문에 손이 아팠다. 그런데 나는 벌침도 돈 주고 맞는다고 하지 않나? 오늘 횡재한 건데, 이 정도쯤은 약이니까 아픈 것은 참아야 한다며 집으로 왔지만, 아프고 너무 아파서 할 수 없이 동네에서 정해 놓고 다니는 의원에 가서 이러저러했다고 말씀드렸다. 그러자 원장님께서 "천만다행입니다. 만약 목에 쏘였으면 바로 죽었을 텐데, 다음엔 가지 마세요" 하시며 주사를 주셨다. 주사를 맞고 나니 아까보다 훨씬 덜 아팠다. "벌침 있는지 봐주세요" 했더니 다행히 벌침은 없다고 하셨다. 도토리나무를 보니 앞으로 또 주우러 갈지 나도 의심이 간다. 그 나뭇잎들이 진한 주황색으로 물들어 그래도 산에 오라고 나를 손짓하는 것 같다.

우리는 한 톨의 쌀이 될 때까지

그 과정을 생각하지 않고 먹는 것이 보통이다. 그러나 그 한 톨의 곡식이 익을 때까지 농부의 땀방울을 생각해 보자. 여름에 태풍이라도 올라치면 벼가 쓰러질까 봐 가슴을 조이고, 누워있는 벼를 한 묶음씩 일으켜 세울 때 그 마음이 어떻겠나. 그래서 농부는 자식을 키우는 심정으로 농사를 짓는다고 말한다. 그러나 사 먹는 입장에서는 비싸다고도 하고 불평을 말하기도 한다.

며칠 전, 시골에서 농사만 짓는 친구가 김장한다고 김치통을 들고 오라는 연락을 받았다. 나는 김치통에 그 집 손녀를 생각해서 과자를 넣어 들고 갔다. 동네 이웃들과 다른 동료들도 와서 같이 양념을 발라 내 통에도 가득 넣었다. 말은 쉽지만, 그냥 김장김치를 얻어 가는 것이 아니다. 농사짓는 사람은 모종하고 약을 치고 물을 주고, 온갖 정성을 들인 결과물이기 때문이다. 그건 그냥 배추가 아니라, 정성스러운 김장김치다. 나는 다시 한번 고마움과 감사의 마음을 인사했지만, 그는 "언니야 괜찮다."라고 말했다.

"시골에서 다 이렇게 하고 산다"라는 말이 내 가슴을 아프게 했다. 믿음직한 남편이라도 있었으면 덜 아팠을 텐데, 남편도 일찍 세상을 떠나셨고, 대나무처럼 배짝 마른 몸으로 이 작물을 키우면서 얼마나 땀방울을 흘렸을까를 생각하니, 고마움과 안쓰러움이 내 마음을 아프게 했다. 언제까지라고는 말할 수 없지만, 그래도 나도 힘 닿는 데까지 도와줄 것이다. 그는 고춧가루, 들깨, 참깨, 고구마, 쌀, 대봉감도 보내준다. 물론 나는 돈으로도 계산은 하지만, 그래도 그 마른 체구로 한여름에 고생하는 것에 비하면 아무것도 아니다. 그래도 나를 챙겨주는 그 사람이 안쓰럽고 고맙기만 하다.

밥을 먹으며, 이 한 톨의 쌀이 되기까지 농부의 땀방울이 얼마나 들었을까를 생각하니, 정말 한 톨이라고 무시하면 안 될 것 같은 마음이 들었다.

치매

참 무서운 것은 사실이다. 처음에는 내 남편이 치매라고 생각하지 못하고, 어느 날 파킨슨 진단을 받으러 가서 혈관성 치매와 파킨슨이라는 진단을 받았다. 그제야 치매라는 것을 알았지만, 내 생각에는 차이점을 발견하지 못했다. 이제 지나고 돌이켜 생각해 보니, 치매를 알고부터 느낀 것을 적어본다.

처음에는 찻집에서 차를 마시면서 티스푼을 호주머니에 넣으신다. 음식점에 가서도 그릇이 마음에 들면 어떡하든 그것을 호주머니에 넣어 오신다. 매우 싫었지만, 치매는 고집도 세다. 그러니 말려도 말을 듣지 않는다. 종친회 부회장님이 보셨는지, 다들 종친회를 마치고 수건을 하나씩 받아 오는데, 우리 보고 타올 하나 더 주시며 손잡고 걷는 게 참 보기 좋다고 하신 적도 있다. 그런데 문제는, 아무 데서나 바지를 내리려고 해서 애를 먹었다. 사람들이 있든 없든 소변보고 싶다고 바지를 내리려 해서, 걷는 도로 옆 건물마다 화장실을 찾아 나섰고, 안 되면 길가 산책길에 나무 밑에서라도 하라고 하며 한 시간 걷기였는데, 바지는 서너 번 내린 적이 있어 참 힘들었다. 이때는 기저귀를 하지 않던 시절이다.

방향 감각도 없어지고, 소리소문없이 집을 나가는 일이 많았다. 하루는 부엌일을 마치고 앞 베란다에서 담배를 피우는 줄 알았는데 사람이 없었다.

깜짝 놀라 온 집을 둘러봐도 보이지 않고, 대문을 열고 봐도 없었다. 혹시 담배 가게에 갔는지 알아보려고, 걸음걸이가 시원치 않으신 분이 넘어질까 봐 항상 옆에서 데리고 다녔지만, 단걸음에 담배 가게에 갔더니 안 오셨다고 했다. 허겁지겁 골목을 올라와 언덕배기 사거리에서 이리저리 아무리 돌아봐도 보이지 않자, 이곳으로 이사 오고 갈 데도 없고 아는 사람도 없는 분인데, 갑자기 불안감이 엄습해 왔다. 사거리에서 안절부절못하며 발만 동동 구르고 있던 중, 저쪽에서 당신이 오는 모습이 보였다. 단걸음에 달려가고 싶었지만, 다리가 아파서 그냥 그 자리에서 기다렸다. 어디 갔다 오셨냐 물으니, 버스 정류장에서 한참을 차를 타려고 서 있었다고, 마음에 드는 버스가 없어서 그냥 오셨다고 했다. 치매 환자를 잃어버리면 가끔 길가에 현수막이 붙는 것을 볼 때가 있는데, 내가 그 상황에 놓일 뻔했다. 그때부터는 내 눈에서 절대 벗어나지 않도록 신경을 썼다.

치매 검사와 등록을 마치면 바지 단에 붙이는 스티커를 주신다. 나는 바지마다 다림질하면서 다 붙여놓았다. 하지만 어느 보호자든 항상 환자 입은 의복은 무엇을 입었는지, 신발은 어떤 색깔이고 종류가 어떤 것인지를 꼭 기억해야 한다. 그날은 정말 혼비백산이란 말을 실감했다. 평소에는 걸음을 안 걸으려 하지만, 혼자 나 모르게 걸을 때는 엄청 빠르다.

황반변성

이 또한 무서운 병이다. 두 달에 한 번씩 눈에 주사를 맞는데, 주사약값이 만만치 않다. 우리는 무심코 눈을 비비지만 절대 눈은 비비면 안 된다. 이물질이 들어갔으면 흐르는 물로 눈을 씻어야 한다. 항상 손도 깨끗해야 하지만, 눈은 절대로 비비면 큰일 난다. 무심코 비빈 눈은 치료가 오래 걸린다.

식도염, 이 또한 무서운 병이다. 원인은 짜고 맵고 뜨거운 음식을 먹어서 생겼다. 당신은 새벽에 일어나 꼭 커피를 드시는데, 그 뜨거운 커피를 홀짝거리면서 마시면 커피는 식도를 타고 위로 넘어가지만, 식도에서 뜨거운 것에 상처를 입는다. 후후하고 한 입 마시는 것이 식도에 상처를 주어, 반복해서 매일 그렇게 마시면 식도는 어느새 상처가 깊어진다. 그 사실도 한참 뒤에 알았고, 위내시경을 할 때마다 식도염과 위염이 동시에 발견되었다. 담당 의사는 뜨거운 음식은 먹지 말라고 했지만, 이미 습관이 되어 버린 당신은 말을 듣지 않았다. 식도는 점점 상처가 깊어지고, 그 사이에 위에도 위벽이 상해서 위염도 생겼다. 예순에, 식도가 심각하다고 의사가 약을 주었는데, 한 일주일 복용하고는 본인이 괜찮다고 먹지 않았다. 약을 꾸준히 먹어서 치료를 끝내야 하는데, 약을 먹다 안 먹다 반복하니 식도염은 점점 깊어지고, 위염도 고생스러웠다. 우리는 음식을 먹을 때 뜨거운 음식은 맛있다고 먹지만, 절대로 뜨거운 음식을 식혀서 먹어야 한다. 또, 주의할 것은 짠 음식이다. 매운 음식도 위에 많은 부담을 준다.

만성 폐쇄성 질환, 담배가 나쁘다는 것은 모두 아는 상식이다. 사람들은 도로 위 차의 매연이라든가 미세 먼지도 그중 하나다. 담배는 중독성이 정말 마약 같다. 마음을 먹지 않으면 끊기 어려운 것이 담배다. 폐 속에 담배 연기가 쌓이면 그것이 폐 질환이다. 폐 속에는 항상 신선한 공기가 들어와 나쁜 것은 숨을 내쉴 때 빠져나가야 하는데, 폐 속에 담배 연기가 가득하면 폐가 제대로 숨을 쉴 수 없다. 우리는 그것을 알아야 하고, 젊을 때는 움직임이 빨라 쉽게 회복되지만 나이가 들수록 폐도 기능이 약해짐을 알아야 한다. 그래서 산에 자주 가고 운동을 하라고 하는 것이다. 운동은 신체 어느 부위든 필수적이다.

치아는, 나이가 들면 치아가 고장이 나는 것은 당연한 일이다. 그런 때 아프기 시작하면 바로 치과에 가서 진료받는 것이 오래 버티는 방법이다. 무엇보다 양치질은 철저히 해야 한다. 대충 건성으로 하면 안 되는 것 중 하나다. 하나, 둘, 나빠지면 보철로 하다가 다시 틀니로 간다. 나이 드신 분들도 임플란트하지만, 견뎌 내기가 힘든 수술이다. 치아가 튼튼해야 씹을 수 있기 때문이다. 그래서 관리를 잘해야 오래 사용할 수 있는 부분이다.

협심증, 이 병은 심장 쪽 혈관이 좁아져서 생기는 병이다. 담배를 피우면 한 번은 담당 의사가 진료 보는 날, 윗도리 호주머니에 담배가 들어있는 걸 보고 야단을 치신 적이 있다. 그렇게 먹지 말라 했는데, 어떻게 의사 보는 앞에 담배를 가져올 수 있냐며. 이 병은 한 번 걸리면 돌아가실 때까지 약을 드셔야 하고, 심하면 심장 스텐드를 삽입하는 수술을 하게 된다. 당신은 팔십 세에 스텐드 수술을 했다.

결석은 신장 쪽으로 돌이 있어서, 당신은 허리가 아프다고 하셨지만, 사실은 옆구리 위쪽이 아픈 것이다. 당신은 전립선 수술도 했고, 칠십팔 세쯤부터 소변을 보기 힘들어져 기저귀를 다시 차게 되었다. 그래서 방광에 소변이 차서 흘러넘치는 지경이었다. 대학 병원에 가니 요로가 좁아져서 그랬다고 했다. 그래서 두 달에 한 번씩 요로를 넓히는 시술을 돌아가시기 전까지 하셨다. 그렇게 자연스럽게 방광에 소변이 차 있었고, 방광암을 세 번이나 수술했다. 그다음에는 방광 안에 찌꺼기들이 굳어서 돌이 되어, 돌을 깨는 수술도 두 번이나 했다. 처음 돌을 깨는 전문의사가 나이와 상관없이 큰 돌만 꺼내고, 잔돌은 소변으로 나올 거로 생각했는지는 몰라도, 젊은 사람 같으면 가능할 일이다. 내 남편은 소변이 흘러야 나오니 요로가 좁아 작은 돌이 나올 때 많이 아파했다.

대장암

이것도 많은 관심을 기울여야 한다. 방귀 냄새가 이상하면 일단 병원에 가서 진료받아야 한다. 암 수술 후 다 아물 때까지 옆구리에 대변 봉지를 차고 살아야 하므로 외출이 매우 불편하다. 한번은 대장에 용종이 볼록하게 생겼다면 바로 떼어낼 수 있다. 옆으로 누워서 수술받던 병원으로 갔고, 이인실에 갔는데 옆에 환자분이 있으셨다. 어떤 증상으로 왔냐고 물으니, 배가 터져서 왔다고 하셨다. 배가 어떻게 터지냐고 물었더니, 그분도 대장암 수술을 받은 분인데, 하루는 배꼽에서 이물질이 솟아 나왔고 병원에 왔다고 하셨다. 우리 신체에서 그런 일이 발생할 수 있다니 믿기 어렵지만, 꼭 음식을 조심하고 모든 병이 그렇듯이 운동, 특히 걷기운동을 게을리하면 안 된다.

파킨슨

이 병은 걸음을 못 걷는 병이다. 뇌에서 작동하는 것 같았다. 담당 의사께서 그래도 요즘 약이 좋아서 할아버지가 이만큼 걷는다고 하셨던 적이 있다. 발걸음이 힘이 없어서 다리를 끌기 때문이다. 길을 가다 갑자기 돌에 넘어지기도 한다. 그래서 항상 옆에서 동행하는 것이 중요하다. 지금은 하늘나라 가셨지만, 이 모든 것들이 내가 보살핀 병이라서 이렇게 적어본다.

나는 물을 잘 안 먹는 편이다. 입에 달콤한 것만 찾고 그냥 물은 잘 안 마시는데, 몸속에 뇌 폐물을 걸러내려면 물이 필수인 줄을 늦게 알았다. 하루에 몇 잔만 마시라 하는 말들이 많이 나오고, 정수기도 많은 종류가 있다. 여하튼 물은 내 몸을 씻어 주는 것이기 때문에 틈틈이 물을 마시는 것을 게을리하면 안 된다. 얼굴 주름지는 것도 수분 부족에서 오고, 대변이 변비가 되는 것도 하나의 원인이 된다. 숨도 잘 쉬어야 하지만 물도 많이 먹을수록 좋은 것이다. 나도 얼마 전까지만 해도 시중에 파는 물을 사 먹었는데, 황창연 신부님이 수돗물이 제일 좋다는 말씀을 듣고부터는 꼭 끓여서 먹는다. 하루도 안 빠지고 다섯 잔은 꼭 챙겨 먹는다. 만병의 원인은 물 부족에서 오는 것 같고, 운동도 잘해야겠다.

누구에게나

시련은 오게 마련인지라, 자랑할 글은 못 된다는 걸 알면서도, "아, 이런 삶을 산 사람도 있구나"라고 생각한다. 어머니의 처절한 삶을 보았고, 딸은 엄마를 닮는다는 말, 아니, 내 자식한테 나와 똑같은 삶을 안 살게 하려고 노력했다.

동생들이 출가해서 크게 부자는 아니지만, 그래도 다들 잘 살아주어서 그것도 보람이다. 두 아들을 돌보아 주었지만, 나는 두 아들을 위해 최선을 다하려고 노력했다. 많은 병고에 고생하시는 남편을 위해 요양 보호사 자격증까지 따서 모든 시중을 다 해드렸고, 무엇보다 보람으로 여기는 것은 코로나 시절에 요양 병원에 안 모시고 집에서 내가 돌봐드린 것에 대해 자부심이 있다는 점이다.

이제 이 세상을 하직하셨지만, 두 아들과 상속 문제도 내 욕심 없이 두 아들에게 똑같이 나누어 주었다. 그래서 나는 나를 너무 현명하게 살았다고 생각하고, 수고 많이 했다고 말해주고 싶다. 내가 나를 안아 주고 싶기도 하다.

아버지 잘못했습니다

이번 추석에 어머니 산소 벌초를 하면서 아버지께 감사의 말씀을 전하고 싶었습니다. 아버지 역시 가엾은 분이라는 걸 이제야 생각했습니다. 할머니의 따뜻한 품에서 자라지도 못하셨고, 손위 형님은 배다른 동생이라고 냉대하셨으며, 누님의 손에서 자라셔서 그 누님이 결혼해 신행 가는 가마 밑에 몰래 따라갔었다고 하셨지요.

그렇게 자라셔서 군대에 가셨는데, 사람들의 중매로 어머니를 만나 가정을 꾸리셨고 저 또한 품어 주셨지요. 살아가면서 잘못되었다는 것도 아셨을 테고, 그 와중에 낳는 자식마다 딸이라 자연히 아들 욕심에 두 집 살림도 하셨지요. 퇴직금으로 장사를 하셨지만, 사기꾼을 의심하지 않고 믿으셨던 아버지의 잘못도 있었지만, 정말 잘살아 보겠다고 하신 일이었다는 걸 이제야 조금 이해하게 됩니다.

아버지, 죄송하고 미안합니다. 그리고 저를 초등학교에 입학시키시려고 성에 이름 두 글자를 손수 작명소에서 지어주셨다는 것도 알고 있습니다. 그토록 좋아하시던 술이 아버지의 외로움을 달래기 위해 마신 것이란 걸 이제야 깨닫습니다.

아버지, 일찍이 이해해 드리지 못해 정말 죄송합니다. 동생들을 돌보는 것이 효도라고 생각했었는데, 아버지도 많이 힘드셨겠지요? 정말 미안합니다. 그리고 고맙습니다. 진심으로 감사드립니다.

내 동생들에게

한 번도 편지를 써본 적이 없었는데, 여기서 그동안 하지 못한 이야기를 적어본다.

내 사랑하는 동생들, 제부들, 모두 모두 고맙고 감사합니다. 오늘의 내가 있기까지 너희들의 보살핌이 없었다면, 나는 지금 이 자리에 없었을 거다. 정말 가진 것 하나 없는 우리였지만, 여기까지 올 수 있어서 정말 고맙고,

너희들의 수고가 참 많았다.

나를 큰언니라고 믿고 따라준 것에 다시 한번 진심으로 고맙다는 말을 전한다. 너희라고 불만이 없었겠니? 그래도 끝까지 나를 지켜줘서 고맙고, 정말로 감사한 마음이란다.

첫째야, 그 몸으로도 나를 위해 내 생일날 부처님 전에 빌어줘서 정말 고맙다. 이제는 네 몸 생각하고 그만해도 괜찮다.

제부, 그 어려운 상황 속에서도 가족을 위해 헌신적으로 노력하셨고, 부부 갈등도 있었지만 잘 참고 견뎌주셔서 고맙고, 지금도 초등학교 등하굣길을 지키며 공공근로를 통해 일하시는 제부께 정말 감사드리고, 그동안 수고 많으셨습니다.

둘째야, 정말 나 때문에 가슴에 피멍이 많이 들었지. 미안하고 부끄럽구나. 내가 너에게 많이 의지했고, 물심양면으로 나를 지켜주느라 정말 수고했고 고맙다. 앞으로는 걱정을 끼치지 않도록 노력할게.

제부, 장가오신 날부터 지금까지, 외국 여행 중일 때를 제외하고는 병원에 입원해 있을 때조차 토요일마다 안부 전화를 주신 제부께 정말 큰 힘이 되었습니다. 진심으로 감사드립니다.

셋째야, 하느님 앞에서 눈물로 나를 위해 기도해 준 것 정말 고마워. 하지만 이제 그렇게까지 하지 않았으면 좋겠어. 너도 네 몸을 생각해야지.

넷째야, 가까이 있다고 병원에서나 집에서나 끼니때마다 챙기느라 수고 많았어. 마음고생도 많았지? 정말 고맙다.

제부, 바쁘신 와중에도 봄이면 꽃구경, 여름이면 바닷가, 가을이면 단풍 구경을 시켜주시고, 내가 어디 가자고 하면 두말없이 차로 데려다주신 제부께 정말 감사드립니다.

다섯째야, 네가 힘들 때 힘이 되어 주지 못해서 미안하다. 그래도 나를 큰언니라고 하나라도 더 챙겨주는 그 마음 고맙다. 앞으로도 열심히 살자.

여섯째 막내야, 정말 수고했다. 제부 한사람을 믿고 그 먼 인천에서 오늘날 이만큼 살아줘서 고맙고 장하다. 꼬맹이였던 막내가 이제는 어엿한 중년이구나. 앞으로도 열심히 잘 살자.

제부, 바닷바람 맞으며 가족을 떠나 연평도에서 지내시면서 내 집 냉장고에 낙지가 떨어지지 않게 신경 써주셔서 고맙습니다.

장인, 장모, 얼굴도 모르고 장가오신 제부들 정말 감사합니다.

부족한 나를 처형이라고, 그래도 시시때때로 용돈을 챙겨주시고, 그것도 모자라 조카들한테까지 용돈을 챙겨 받으니 내가 복이 많지요.

조카나 조카사위, 조카며느리, 손자, 손녀들, 우리 아버지 어머님이 보셨으면 얼마나 좋아하셨을까?

온 가족 모두가 나의 울타리가 되어줘서 고맙고 든든하다. 큰언니에서 큰이모, 이제는 왕할머니 되기까지, 우리 가족이 많이 늘었네.

앞으로도 지금처럼 다 잘 살자. 나 역시 밥 잘 먹고 모두들 걱정 안 하게 건강한 모습으로 살도록 노력할게. 모두 모두 건강하고 사랑한다.

-큰언니가-

마지막으로

마지막으로 한마디, 내가 이 세상에 올 수 있게 뼈를 주고 피를 주신 아버지.

꼭 물어보고 싶은 말이 있습니다. 무슨 이유로 고모는 저를 버리셨나요? 아버지는 왜 저를 찾지 않으셨나요? 자식을 낳는 것으로 끝나는 것이 아니라 어떻게 키워야 하는지는 아버지는 모르셨나요?

어릴 때 또래 아이들이 아버지 손을 잡고 가는 모습을 보면 부러웠고, 다 자라 결혼식장에서 아버지 손을 잡고 들어가는 신부를 볼 때마다 마음속으로 아버지를 불러 보았습니다. 부러워서요.

아버지, 저 이렇게 살아왔고 지금도 이렇게 살고 있습니다. 처음이자 마지막으로 부탁이 있습니다. 제가 마지막 숨이 멈추는 순간에는, 아버지의 "혼"이라도 제 옆에서 "정희야" 하시며 제 손을 꼭 잡아주세요.

어릴 때 못 잡은 손, 커서도 못 잡은 손, 삶의 마지막에는 꼭 한번 잡아보고 싶습니다.

들녘에 추수를 끝낸 논에서 굴러다니는 우렁이 고둥 껍데기처럼, 마지막 껍질 속에 내가 있다는 것이 나를 더욱 서글프게 만드는 것은 무슨 이유일까요.

삶을 마무리하는 날에는 너나 나나 모두 빈손인데, 구태여 욕심부려 많은 짐을 지려 하는지.

비바람 막을 수 있는 방 한 칸이면 족하지 않겠습니까.

칠십칠이라는 숫자가 작은 것도 아닌데, 그래도 이렇게 살아온 날들은 적을 수 있다는 게 감사할 따름입니다.

앞으로는 뒤를 돌아보지 말고, 후회하지도 말고, 아니 과거가 있어야 현재가 있고 미래가 있는 것 아닌가, 구태여 외면하지 말고, 하루하루 건강하게 살겠습니다.

마지막 빈 껍질을 떠나는 순간까지.

구름아, 너 가는 곳이 어드메뇨?

나도 삶에 얽매여 바람 따라 너 따라 여기까지 왔네.

앞산의 나뭇잎들이 단풍으로 물들어 가는구나.

구름아, 너 가는 길에 나도 예쁘게 물들여 주려므나.

나, 고운 단풍이고 싶다.

내 삶은 남달랐다

구름아, 너 가는 곳이 어드메뇨?

1판1쇄 2024년 12월 26일

저자 이순애
발행인 이경화

발행처 디자인21
주소 04560 서울특별시 중구 퇴계로 293-1 3층
전화 02-2269-6561(대)
팩스 02-2269-6568
이메일 21publish@naver.com
블로그 https://blog.naver.com/publish21
인스타 https://www.instagram.com/21publish.co.kr
홈페이지 https://21publish.co.kr

등록번호 제1-1128호
등록일자 1991.2.12

ISBN 978-89-6131-164-9 03810

정가 15,000원